México y sus luchas internas

Also from Westphalia Press
westphaliapress.org

The Idea of the Digital University

Bulwarks Against Poverty in America

Treasures of London

Avate Garde Politician

L'Enfant and the Freemasons

Baronial Bedrooms

Making Trouble for Muslims

Material History and Ritual Objects

Paddle Your Own Canoe

Opportunity and Horatio Alger

Careers in the Face of Challenge

Bookplates of the Kings

The Boy Chums Cruising in Florida Waters

Freemasonry in Old Buffalo

Original Cables from the Pearl Harbor Attack

Social Satire and the Modern Novel

The Essence of Harvard

The Genius of Freemasonry

A Definitive Commentary on Bookplates

James Martineau and Rebuilding Theology

No Bird Lacks Feathers

The Young Vigilantes

Gems of Song for the Eastern Star

Anti-Masonry and the Murder of Morgan

Understanding Art

Spies I Knew

Ancient Masonic Mysteries

Collecting Old Books

Masonic Secret Signs and Passwords

The Thomas Starr King Dispute

Earl Warren's Masonic Lodge

Lariats and Lassos

Mr. Garfield of Ohio

The Wisdom of Thomas Starr King

The French Foreign Legion

War in Syria

Naturism Comes to the United States

New Sources on Women and Freemasonry

Designing, Adapting, Strategizing in Online Education

Gunboat and Gun-runner

Meeting Minutes of Naval Lodge No. 4 F.A.A.M

Tales of Old Japan

México y sus luchas internas

reseña sintética de los movimientos revolucionarios de 1910 a 1920

Por Luis F. Seoane

WESTPHALIA PRESS
An imprint of Policy Studies Organization

México y sus luchas internas: reseña sintética de los
movimientos revolucionarios de 1910 a 1920
All Rights Reserved © 2015 by Policy Studies Organization

Westphalia Press
An imprint of Policy Studies Organization
1527 New Hampshire Ave., NW
Washington, D.C. 20036
info@ipsonet.org

ISBN-13: 978-1-63391-234-2
ISBN-10: 1633912345

Cover design by Taillefer Long at Illuminated Stories:
www.illuminatedstories.com

Daniel Gutierrez-Sandoval, Executive Director
PSO and Westphalia Press

Updated material and comments on this edition
can be found at the Westphalia Press website:
www.westphaliapress.org

MÉXICO Y SUS LUCHAS INTERNAS

RESEÑA SINTÉTICA DE LOS MOVIMIENTOS REVOLUCIONARIOS DE 1910 A 1920 POR LUIS F. SEOANE.

1920
IMPRENTA Y LIBRERIA DE LA VIUDA E HIJOS DE HERNÁNDEZ
BILBAO

ADOLFO DE LA HUERTA

Actual Presidente de la República Mexicana, electo por el Congreso de la Unión para substituir a Carranza, en el período que terminará el 30 de Noviembre de 1920.

MÉXICO
Y SUS LUCHAS INTERNAS

RESEÑA SINTÉTICA DE LOS MOVIMIENTOS REVOLUCIO- - NARIOS DE 1910 A 1920 -

POR

LUIS F. SEOANE,

EX-SECRETARIO PARTICULAR DEL MINISTRO DE FOMENTO, COLONIZACIÓN E INDUSTRIA, EX-DIRECTOR Y PROPIETARIO DEL PERIÓDICO DE COMBATE «CAUTERIO» EN LAS CIUDADES DE MÉXICO Y PUEBLA, EX-DIRECTOR DEL DEPARTAMENTO DE PRENSA, PROPAGANDA E INFORMACIÓN DEL MINISTERIO DE GOBERNACIÓN, EX-SECRETARIO DE LA DIRECCIÓN DE PATENTES Y MARCAS, EX-JEFE DE SECCIÓN DEL DEPARTAMENTO DEL TRABAJO, EX-JEFE DE SECCIÓN DE LA CONTADURÍA MAYOR DE HACIENDA, EX-CÓNSUL EN MOBILE (ALA.), EE. UU. DE NORTEAMÉRICA, & , &.

1920
Imp., Lib. y Enc. de la Vda. e Hijos de Hernández
BILBAO

PRÓLOGO.

POR QUÉ ESCRIBO

ESTE FOLLETO

En la absoluta imposibilidad de sostener polémicas inútiles y enojosas con todos los escritores que en Europa y con especialidad en España, han formulado artículos tendentes a censurar los movimientos revolucionarios que en México se han sucedido en los últimos diez años, desarrollando una campaña altamente desfavorable para mi Patria, héme decidido a escribir este folleto con la idea de aportar mi contingente informativo sobre tales acontecimientos, que sirva para orientar la opinión pública extranjera por el sendero de la verdad; pues, en la mayoría de los casos, se han esparcido a sabiendas malévolas informaciones, intencionalmente buscadas para exultar el prestigio de facciones políticas que remuneraban con prodigalidad (1) las cascadas de frases ditirámbicas que brotaban sin medida ni límite de las plumas alquiladas (2).

(1) Pruebas palpables son los artículos que sugeridos por Eliseo Arredondo, ex-Ministro de México en Madrid, han circulado profusamente en toda la prensa de España, difundiendo calumniosas versiones acerca de la muerte del ex-Presidente de México Venustiano Carranza, con el único fin de desprestigiar a don Alvaro Obregón, candidato a la Presidencia de la República, a la vez que se pone en tela de juicio la indiscutible legalidad y la notoria honradez del actual Gobierno constitucional que preside don Adolfo de la Huerta.

(2) *Vicente Blasco Ibáñez* solicitó del Gobierno de México en Marzo del año actual, CIEN MIL DOLLARS por publicar un libro FAVORABLE a la República Mexicana. No habiendo podido obtener la suma solicitada, acaba de firmar un contrato con una importante casa editora de New York y ha comenzado a escribir un libro EN CONTRA DE MEXICO. (Estando imprimiéndose el presente folleto, llegaron a mis manos algunos artículos íntimamente ligados con la actitud de Blasco Ibáñez y que el lector encontrará reproducidos al final de este opúsculo).

Sería fatuidad innegable de mi parte el pretender que todos los periodistas y escritores extranjeros, estuviesen acordes al juzgar los movimientos revolucionarios acaecidos en México; pero, lo que no debe aceptarse es que, sin el más mínimo conocimiento de causa, ignorando las razones que indujeron a nuestro pueblo a levantarse en armas desde 1910, sin estudiar los hondos y trascendentales problemas existentes sin solución desde hace varios años, escriban, por el prurito de llenar cuartillas, demostrando con ello un gran desprecio por los hechos y los hombres de otros países o un deseo de burlar a sus lectores, ya que en la mayoría de los casos alteran visiblemente hasta el orden cronológico de los sucesos que comentan.

No quiero condenar la ausencia de moralidad que tal conducta refleja, porque en algunas ocasiones los escritos han tenido por base la ignorancia y no la mala fé, concretándome a reproducir algunos párrafos donde se consignan las razones expuestas por dos literatos distinguidos: EDMUNDO GONZALEZ BLANCO y MANUEL UGARTE, español y argentino, respectivamente. Ambos, en fechas distintas y comentando los acres e injustificados comentarios que se han hecho de México y sus luchas internas en la prensa extranjera, nos dan la sensación exacta de feliz coincidencia, por la unidad de criterio que reflejan sus juicios.

Dice Edmundo González Blanco:

«Y ante todo, permítaseme hacer esta sencilla y perentoria advertencia: es a saber: que la revolución mexicana viene siendo muy mal juzgada en Europa. Nadie ignora que cuando los miopes miran una página escrita o impresa a cierta distancia, no ven en ella lo blanco y lo negro, y sólo distinguen una superficie uniformemente gris. La gran distancia a que México se halla de Europa ha contribuído en gran manera a esa verdadera miopía intelectual con que se viene juzgando la revolución que nos ocupa: no se tiene de su conjunto más que un cuadro borroso; no se discierne bien lo que presenta de fatal y justa y lo que ofrece de circunstancial y recusable: «De luengas tierras, luengas mentiras», dice un proverbio; y en verdad que pocas veces pudo este proverbio aplicarse mejor. No es menos verdad que las tales mentiras provienen en gran parte de la reacción plutocrática y conservadora que como un cáncer se extiende hoy por la opinión europea. Unicamente los que se aferran con la energía de la desesperación al régimen del Viejo Mundo pueden hacerse intérpretes en serio de la suprema inepcia de afirmar que la revolución mexicana es un «complot» de descontentos y foragidos. ¡Y qué pensar de los que suponen que esa revolución no tiene importancia ni significa nada! Todo defensor de la civilización capitalista es por fuerza incomprensivo y miope, y sólo siéndolo se entiende que saque a plaza inevitables horrores de toda conmoción popular, que nada significan en el juicio imparcial y sereno ni en nada afectan a la legitimidad de la conmoción misma. ¿Es lógico creer que las consecuencias de uno o varios tumultos, más o menos fundados, puedan poner en conflagración a todo un pueblo, acostumbrado por muchos años a trabajar pacíficamente? Paréceme que hay que buscar con más detenimiento los motivos de un desastre tal.

En el tránsito brusco de la dictadura a la revolución, en la continua discordia civil y en la incertidumbre internacional, hallan observadores superficiales de los asuntos de México un lamentable signo de decrepitud. ¿POR QUÉ NO HA DE SER, AL CONTRARIO, UN SÍNTOMA DE RARA VITALIDAD? ¿Por qué, a lo menos, no ha de interpretársele como crisis de formación? ¿POR

QUÉ, EN TODO CASO, NO SE LLAMA A ESE DESORDEN COM-TEMPORANEO, TRÁGICO DESPILFARRO DE SUPERABUNDAN-TES ENERGÍAS? *Naturalmente, no pretendo decidir aquí si estos criterios son definitiva y rigurosamente aplicables a un pueblo víctima primero de la violencia interna y en segundo término de la agresión extranjera. Desde tan lejos resulta difícil dirimir esas cuestiones. Pero creo también que, no ya la opinión europea, la misma opinión norteamericana, dista mucho de fundarse en el conocimiento exacto y en la comprensión clara de las condiciones económicas y políticas que actualmente existen en México.* **TORPEZA ES Y PREJUICIO GRANDE, QUE DEBE HUIRSE CON TODAS VERAS, EL QUE TANTO EN NORTEAMÉRICA COMO EN EUROPA SOLO SE HAGA CASO A LO QUE INFORMAN LOS CAPITALISTAS EXTRAN-JEROS RESIDENTES EN MÉXICO, QUE MIRAN LA CUESTIÓN DESDE EL PUNTO DE VISTA DE SUS INTERESES PERSONALES.** *Y no es lo peor del caso que se atengan a tan parciales informaciones;* LO MAS GRAVE ES QUE NO SE VEA QUE LOS CAPITALISTAS EXTRAN-JEROS SOLO DESEAN, FRENTE AL IDEAL PATRIOTICO Y REVO-LUCIONARIO, EL RESTABLECIMIENTO DE UN ESTADO DE COSAS QUE FAVOREZCA LA CONTINUACION Y EL FOMENTO DE SUS NEGOCIOS.

En medio del trueno en que explota el combustible acumulado, en medio de las llamas rojas que silban alrededor de aquel país y se arremolinan rugiendo hasta el cielo, se descubrirá, no lo dudo, la fuerza potencial que ha engendrado tal impulso y dislocado el régimen. No es éste, en verdad, el objetivo a que se dirige la opinión norteamericana y europea. Para los más sesudos representantes de esta opinión, todo el juicio se disuelve y esfuma en palabras agresivas: des-honra, desprestigio, bancarrota, crueldad, robo, traición, hervidero de ambiciones, charca de sangre, fusilamientos, asesinato y pillaje, actos de salvajismo...

Pues: bien otorgando al instinto criminal y anárquico la parte que le corres-ponde en tantos y tantos fusilamientos, y concediendo a los hechos comprobados de asesinato y pillaje la fe que les debemos, nadie podrá negar que estos actos de salvajismo son, por desdicha, males que acompañan a toda revuelta, ni que sería injusto el atribuir a la mexicana el privilegio de su multiplicación y encarniza-miento. En su «Histoire politique de l'Europe contemporaine» ha escrito Seig-nobos que el siglo XIX fué, en el Viejo Mundo, una edad de revoluciones. ¿CABE CONDENAR SIN ATENUANTES LA REVOLUCION ME-XICANA, QUE NO HA ALCANZADO TODAVIA EN SU TRISTE ACTUACION EL GRADO DE BRUTALIDAD CRIMINOSA DE LAS PRINCIPALES CONMOCIONES EUROPEAS? *¿Podremos tirar la primera piedra nosotros? ¿Acaso es privativo de México el espíritu de esa civili-zación capitalista, que allí y bajo la dictadura de Porfirio Díaz desparramó las semillas de cobardía, de odio y de venganza que, dado el carácter del pueblo, hoy están produciendo su natural fruto? ¿Hemos de explicar esto sumariamente con las palabras* barbarie, bandidaje, violencia, decadencia, indisciplina, *etc. etc?*

Además, en este proceso LA REVOLUCION MEXICANA HA SIDO CONDENADA SIN DEFENSA. No ha tenido jueces, sino acusadores solamente, y acusadores interesados e injustos; la pasión y la prevención más malévolas y más obcecadas han inspirado todo cuanto se ha escrito contra ella».

El literato argentino Manuel Ugarte, se expresa en los siguientes términos:

«*Las frecuentes noticias de levantamientos revolucionarios, dan lugar a comentarios a menudo injustificables, basados en el poco conocimiento que tenemos del estado en que se halla actualmente la República Mexicana. Y la desconsideración que algunos dejan entrever hacia el país amigo, nace casi siempre del aislamiento en que vivimos, viejo generador de fantásticas leyendas, causa primera de la debilidad colectiva.*

Se confunde a una nación de diez y seis millones de habitantes, dueña de los más ricos territorios conocidos en el mundo, con pequeños núcleos de las Antillas; y México que, amenazado en su propia existencia y urgido por necesidades improrrogables, ha alcanzado una idea más panorámica del conjunto a que pertenece, tiene que sentirse herido por la despreocupación o el silencio. Cuando espera una estrecha compenetración de propósitos, advierte una falta fundamental de comprensión; y la fe que pone en el fraternal concurso que podríamos prestarnos algún día, vacila a menudo ante el sarcasmo que fluye de ciertas actitudes internacionales

Semejante estado de espíritu ha sido determinado, repetimos, por largas prédicas tendenciosas. Pero la guerra europea nos ha hecho comprender la importancia concluyente que tiene la información para suscitar o enajenar simpatías. Todos sabemos que la opinión puede ser inclinada, dirigida, forzada o exaltada por la perseverancia de las indicaciones, por la forma de presentar los hechos, por la habilidad para graduar las situaciones, por la sutileza para desvirtuar sucesos contrarios, por el conocimiento de la psicología de cada pueblo, por el movimiento de timón casi invisible que se puede dar, en fin, a la verdad, para que repercuta ampliamente en las conciencias y se ensanche en las almas, imponiendo determinadas direcciones colectivas. Y dado que de todo esto tenemos conocimiento, parece llegado el instante de desviar la corriente, rechazando la verdad que se nos da hecha, para hacernos, con nuestros elementos, una propia.

Se trata, en realidad, de una campaña bilateral. SI LEYERAMOS LO QUE A MEXICO SE TELEGRAFIA SOBRE ESPAÑA O SOBRE LA AMERICA DE ORIGEN ESPAÑOL, COMPRENDERIAMOS LA VEROSIMILITUD QUE PUEDE TENER LO QUE A NOSOTROS NOS CABLEGRAFIAN DE MEXICO

No discuto el sistema, porque no estamos ahora haciendo moral, sino presentando una situación; pero la opinión serena debe ponerse, al fin, en guardia; porque es evidente que, de este estado de cosas, nacen los malentendidos dolorosos, las agrias reservas y las apreciaciones inexactas, que hacen cada vez más profundas las grietas, más diferentes las órbitas de evolución y más distante la realización de los ideales fecundos.

Esto es tanto más grave, cuanto que si en hora suprema necesitaran nuestras Repúblicas desarrollar una acción simultánea, los resortes de junción y enlace no podrían funcionar, falseados como se hallan por el engaño. Batidos en detalle, tendríamos que asistir entonces impasibles a todo lo que no se hubiera podido enunciar siquiera ante una América diplomáticamente unida y solidaria con España.

Por eso conviene desvanecer estos errores. Y yo creo cumplir con un alto deber moral, diciendo toda la verdad sobre la República Mexicana, para que se sepa, al fin, algo concreto sobre la comarca de leyenda, que parece naufragar entre una inverosímil superposición de cataclismos y catástrofes.

En realidad, la única desgracia de México ha sido su extraordinaria riqueza.

Y aun en el caso de que los desconfiados sigan dando crédito a las fantasías a que nos referimos, ¿no sería esta múltiple actividad y este estado creciente de

progreso, una prueba más del vigor indomable de ese pueblo, que en plena crisis social y en medio de las hecatombes, mantiene e intensifica las actividades de su vivir, alimentando a la vez la lucha armada en el campo abierto de sus reivindicaciones políticas, y la lucha pacífica en el campo más abierto aún de sus anhelos de bienestar?

Lo que muchos olvidan es que de los diez y seis millones de habitantes que tiene México, apenas cien mil habrán tomado parte en los diversos movimientos armados. La masa neutra y creadora ha simpatizado seguramente con uno o con otro bando, pero no ha interrumpido su labor ordinaria en el múltiple entrelazamiento de actividades que constituyen la base de un país. Además, la contienda no se ha extendido nunca a todos los ámbitos de la República. Ha habido, por una parte, batallas, incendios, ruinas, pero ha habido por otra nacimientos, construcciones, fortunas que se levantaban. Y la misma sacudida ha sido a veces favorable, porque al subvertirse el orden establecido, han llegado a la superficie fuerzas nuevas que otro modo no hubieran podido abrirse paso».

Subrayo un hecho harto significativo: Edmundo González Blanco publicaba en Valencia en 1914 los precedentes conceptos, en un libro titulado "CARRANZA Y LA REVOLUCION DE MEXICO", cuando aún no pasaba una semana desde que Victoriano Huerta se había fugado de la capital de la República encomendando el poder usurpado al Abogado Francisco Carvajal, todos los rebeldes luchaban unidos por el restablecimiento del orden constitucional, bajo las órdenes de don Venustiano Carranza que ostentaba el título de PRIMER JEFE DEL EJERCITO CONSTITUCIONALISTA, ENCARGADO DEL PODER EJECUTIVO DE LA UNION, sin que hubieran surgido aún personalismos o escisiones de ningún género. Es decir: la cohesión revolucionaria pudo haber sugestionado al escritor hasta el grado de llevarlo a formular un libro pleno de optimismo, pero, ¿y las frases de Manuel Ugarte que dejo copiadas? Ugarte escribió su artículo intitulado "LA VERDAD SOBRE MEXICO" que se publicó en Madrid en junio de 1919, cuando al triunfo de los "CONSTITUCIONALISTAS" sobre la usurpación huertista en agosto de 1914, había sucedido la disgregación de los elementos revolucionarios, el fracaso del llamado "Gobierno de la Convención", que actuó de Noviembre de 1914 a febrero de 1915, la derrota de Villa en los campos de Celaya en Abril de 1915, despues que tres de los firmes sostenedores del "constitucionalismo"—Luis Caballero, Luis Gutiérrez y Francisco Coss—se habían levantado en armas en contra de Carranza en 1917, con posterioridad a las muertes de Eufemio y Emiliano Zapata y Aureliano Blanquet y por último, cuando ya la lucha presidencial en México se había iniciado con el Manifiesto que presentó al país Alvaro Obregón, en el mismo mes de junio.

Para establecer una deducción, poco o ningún esfuerzo mental necesita hacerse, ya que dos escritores, el uno argentino y el otro español, nos hablan con idéntico optimismo, defendiendo con igual conocimiento de causa y sinceridad, dos períodos bien distintos de las luchas intestinas en la nación mexicana: 1914-1919. Es lógico que no pueda obligarse a la opinión pública a aceptar los anteriores conceptos como artículos de fé, pero no hay que olvidar que están respaldados por plumas de indiscutible honorabilidad y que ninguno de sus autores es mexicano, lo que garantiza la imparcialidad de sus opiniones.

Quizá comentando la actitud de ciertos periodistas venales y siendo ello muy humano, pudiera dejarme arrastrar por algo que interpretado erróneamente fuése juzgado como patriotismo mal entendido o ciego sectarismo y he ahí por qué confié a las autorizadas plumas de tan renombrados escritores, la aclaración que debe servir para rectificar opiniones y dar a conocer los verdaderos orígenes de los MOVIMIENTOS DE REIVINDICACION DEL PUEBLO MEXICANO.

Yo insisto en afirmar que la mayor parte de los escritores y periodistas extranjeros que han censurado a la revolución mexicana, desconocen a mi Patria en lo absoluto, porque no sólo alteran «*ad libitum*» el orden cronológico de los acontecimientos, sino que fechas, lugares, nombres, etc., los transforman aún más de cuanto son cambiados por el laconismo aterrador del cable.

Así pues: este folleto persigue como única finalidad, la reseña sintética de las diversas etapas de la revolución desarrolladas en la República Mexicana desde noviembre de 1910 a mayo de 1920, por las justas aspiraciones de mejoramiento y las incontenibles ansias de liberación del pueblo. Podrá tildársele de mil defectos, señalar múltiples faltas, pero dos cosas resaltarán siempre: LA SINCERIDAD CON QUE HA SIDO ESCRITO Y LA CARENCIA DE AMPULOSIDADES SIN SENTIDO, que en la mayoría de las veces sirven, más para hacer divagar la atención del lector, que para dirigirla, encauzándola a un fin de conocimiento. Escrito exprofesamente para circular en el extranjero, he antepuesto los hechos concretos, desnudos de toda sombra de apasionamiento y apegados a la más estricta realidad, a la cansada relación de fechas, lugares y nombres, que no servirían a la postre sino para acarrear confusiones a los que no están enterados de los mil incidentes de estos diez años de lucha. Respecto a la casi ausencia de nombres de protagonistas, debo de confesar, a fuer de hombre honrado, que la mayor parte de ellos los he suprimido intencionalmente, porque o no merecen la pena de darlos a conocer o ya los he castigado muy dura y enérgicamente desde las columnas de mi diario y en la tribuna.

LUIS F. SEOANE.

Bilbao, Julio 19 de 1920.

Ocaso de una dictadura

Fuerte en apariencia, deleznable en realidad como todos los sistemas fundamentados en la tiranía de los de arriba y en la ignorancia de los que la soportan; tal era la máquina gubernativa con que el octogenario dictador Porfirio Díaz deslumbraba al extranjero, enervando al pueblo mexicano. Rodeado por una cohorte de expoliadores de la gleba, incalificables vampiros de la portentosa riqueza nacional, con la venda de rastrera adulación ante los ojos, que el llamado «Círculo de Amigos» (1) sostenía, renovándola permanentemente, Díaz logró con sus procedimientos preparar las futuras sacudidas sociales que pusieran de manifiesto las execrables lacras de su corrompida administración.

No hubo un solo hombre sincero que dijese a su oído caduco la verdadera situación de la República; muy al contrario: contribuyeron a sustentar el engaño aplaudiendo las ampulosas declaraciones que hiciera a un periodista yanki, en las cuales aseguraba *que se retiraría del Poder al terminar su período*, en tanto que incendiaba a la Nación repitiendo la tradicional farsa electoral y postulándose nuevamente para la Presidencia.

Los clarines de la abyecta prensa gobiernista anunciaban al orbe entero «que el pueblo mexicano no deseaba ser gobernado por otro hombre que no fuese Díaz», en los momentos que un iluso —convertido meses después en apóstol de la democracia, por lo ignominioso de su muerte—, se atrevía a levantar la bandera de las reivindicaciones sociales, rodeado de una pléyade de hombres de buena voluntad que defendieron con las armas en los campos de batalla, las ideas que anteriormente sustentaran en la prensa de oposición y en la tribuna. Igual castigo aguardaba al periodista que osara oponerse al dictador, que al rebelde; ambos caían bajo la furia de las hordas del tirano, que ante la perspectiva de la revolución veían agotarse la fuente de sus inmorales ingresos, terminar para siempre los ricos veneros de sus vergonzantes y criminales rapiñas.

La aurora de una democracia

En la lucha sostenida por el tirano ante la creencia de una mentida fuerza militar, que debiera ahogar el grito de rebelión lanzado por Francisco I. Madero, fué abandonado por la opinión del país que, mirando el avasallador empuje del movimiento revolucionario, exigió unánimemente la renuncia del autócrata. Este, al ver escaparse de sus temblorosas manos el cetro del Poder que había usurpado por más de treinta años, buscó refugio en Europa rodeado del boato y lujo que la ilegal retención de la Presidencia de la República, le había producido.

La democracia en México, en pleno período de infancia, comenzó sus primeros pasos al borde de un abismo y de la cima del triunfo conquistado con la sangre y el

---

(1) El «Círculo de Amigos del General Porfirio Díaz», era una agrupación formada exclusivamente por los *soi disant* aristócratas y prominentes políticos, cuyo único fin era incensar al déspota y figurar en la farsa de las elecciones, obteniendo en recompensa increíbles concesiones y el acaparamiento de los más altos puestos en la administración pública.

esfuerzo del pueblo, cayó en el precipicio abierto por los viejos moldes del régimen hundido; los ideales de redención desaparecieron y, con ellos, las esperanzas de mejoramiento social, envueltas en el engranaje burocrático de la máquina infernal creada por Díaz, siendo arrollados unos y otras por el maquiavelismo envenenador del ambiente nacional, que se adornaba con los sugestivos títulos de «civismo» y de «cultura». El «cientificismo» volvía a triunfar. (1)

Los vencedores, sin darse cuenta por la embriaguez del triunfo, mezcláronse en asquerosos contubernios con los burócratas del antiguo régimen; reuniéronse en denigrantes conciliábulos con los hombres de la dictadura y la revolución triunfante en los combates fué vencida en el campo de la política, aherrojadas sus ansias de renovación y postergados sus hombres, por los tartufos que a ella se adaptaron para conservar intactas las concesiones y privilegios que habían mantenido en esclavitud al pueblo.

Y como resultado lógico del vencimiento político de la revolución, fueron reconocidos los Gobernadores de los Estados, respetadas las autoridades espúreas y ¡oh sangrienta ironía! declarada LA LEGALIDAD DE LAS CAMARAS DE DIPUTADOS Y SENADORES Y DE LA SUPREMA CORTE DE JUSTICIA DE LA NACION.

Para los que ignoraran la sinceridad de Madero al divulgar sus teorías redentoras, para los que no sintieran vivir en sí la doctrina, cuyo solo enunciado electrizó a miles de hombres del uno al otro confín de la República, pudieran haber llegado a la conclusión de que toda la sangre derramada, las propiedades destruídas, las viudas desamparadas y los huérfanos hambrientos, no habían servido sino para sancionar el viejo refrán de «Quítate tú para que me ponga yo».

El enemigo acecha

Con tan desastrosa marcha inicial era lógico deducir que la democracia en la República tuviera sus días contados. Conservando sus puestos los lacayos de la dictadura pasada, sobre cuyas espaldas aún conservaban las huellas del látigo del amo; firmes en sus empleos los esbirros del dictador, cuyas encallecidas rodillas tendían a la habitual posición de adoradores del ídolo que se auto-designó «HEROE DE LA PAZ», era de esperar que las energías de tales hombres se hallasen dispuestas integralmente a la reconstrucción de las vilezas del Gobierno caído: y así sucedió en efecto. Almacenaron para la prensa, para la calle, para el teatro y para cuantas manifestaciones pudieran exponerse a la opinión pública, todo lo más abyecto, lo más pestilente, lo más denigrante que sus cerebros concibieran, albergara en sus almas y sus manos fuesen capaces de ejecutar; dando principio a una infame labor tendente a desprestigiar a la nueva doctrina redentora, y en la prensa, a la calle y del teatro salieron atropelladamente en su afán de ser las primeras, las sátiras más duras, las anécdotas más procaces y las calumnias más increíbles.

Tras el triunfo ficticio de Ciudad Juárez surgió el Gobierno encabezado por el llamado «Presidente Blanco» (2) durante el cual, fué consumada la abdicación de los principios proclamados por la revolución. Al conocerse por la Nación el convenio celebrado entre la revolución y los representantes de Porfirio Díaz, los simpatizadores de Madero tuvieron una idea clara e inconfundible de la orientación que pretendía dar a su Gobierno y así, nada les extrañó, aún cuando los disgustara enormemente, el hecho de que en su Gabinete figurasen al lado de conspícuos revolucionarios, otros políticos «anfibios» o de inconfundible filiación «científica».

---

(1) Se auto-designaron como «científicos», todos los que unidos a los que formaban el «Círculo de Amigos del General Porfirio Díaz», se creían los hombres indispensables para la vida nacional. Huelga hablar de la moralidad y desinterés con que se sacrificaban estas lumbreras de la ciencia, en aras de la Patria.

(2) Francisco León de la Barra.

El Gobierno del Presidente Madero caracterizóse porque a un desacierto seguían mil y porque, desoyendo los desinteresados consejos de sus leales partidarios, echóse en brazos de perniciosos confidentes. A esto hay que agregar que los insuperables obstáculos que se le presentaron para cumplir las promesas que había hecho al pueblo, dieron al traste con su popularidad. (1)

Cada equívoco en la administración maderista, era naturalmente el pábulo para que se recrudeciesen los ataques a la revolución y a sus postulados, enmascarados con soeces insultos al Presidente, sus familiares y sus colaboradores en el Gobierno. Los *detritus* de la intelectualidad extranjera que habiendo fracasado en sus propios países, se hallaba emigrada en México, en busca de dinero, encontraron harto propicia la ocasión que se les presentaba de manifestarse con la impunidad que les brindaba la protección de los que sustentaban con su oro tan indigna campaña; y olvidándose de que eran huéspedes de la Nación mexicana y que inmiscuyéndose en la política interior hollaban la sagrada hospitalidad que los amparaba, llevaron a las páginas de repugnantes periodicuchos de caricaturas, a los escenarios de teatrillos de última categoría, frases de escarnio para Madero, su obra y sus simpatizadores.

«Qui néscit dissimulare, néscit regnare»

La sabia máxima de Luis XI nunca pudo ser mejor aplicada que al Presidente Madero, al estudiar su actitud con el ejército que le legara Porfirio Díaz. Y si sobre los miembros que componían ese corrompido ejército, formado—con poquísimas y honrosas excepciones—por bandoleros y asesinos con galones o por nulidades con entorchados y espada al cinto, había descargado toda su justa ira durante su gira de propaganda, primero, y más tarde en su corta actuación revolucionaria, al salir electo Presidente de la República siguió, con igual o mayor saña, en su tarea de ataque sistemático a dicha institución. Tal alarde ponía en sus manifestaciones en contra del ejército, que,—según afirma Calero en su último libro—«en más de una ocasión varios ministros extranjeros acreditados ante su Gobierno, y a pretexto de los riesgos que correrían los intereses de sus connacionales en México si el ejército se convertía en un elemento de revuelta, llamaron amistosamente la atención del Secretario de Estado sobre la conducta del Presidente Madero, que PONIA EN GRAVE PELIGRO LA ESTABILIDAD DE SU ADMINISTRACION».

Como si la impolítica actitud del Presidente Madero no fuera suficiente, desde las columnas de la prensa enemiga se predicaba la sublevación, se ensalzaban las rebeliones pretorianas y se aplaudía la escandalosa infidencia de las tropas revolucionarias. Si a

---

(1)   En los tratados de Ciudad Juárez se estipuló el reconocimiento de los gobernadores de provincias impuestos por el tirano a quien se acababa de derrocar, de las Cámaras de Diputados y Senadores compuestas por rebaños de incondicionales y del poder judicial, que amparaba los crímenes del amo, encubría el robo de los magnates y enviaba a presidio a centenares de inocentes. El desprestigio de Madero se inició al admitir esas cláusulas.

Manuel Calero en su libro «Un decenio de política mexicana» publicado en Nueva York en febrero del año actual, hablando sobre las causas que originaron la rápida impopularidad del Gobierno de Madero, dice: «Los pobres, los desheredados, la gran mayoría, en suma, se habían forjado la grata ilusión de que llegando Madero a la Presidencia se efectuarían estupendas transformaciones. Madero así se los había hecho creer en su ferviente sinceridad de apóstol: su verbo cálido llevaba al espíritu de las masas la promesa de que al caer la dictadura surgiría radiante el milenio. Todos se dieron por engañados cuando el vaticinio no se cumplió, como no habría podido cumplirse, en ningún caso, porque la estructura de una colectividad humana jamás se transforma en un instante y menos por un simple CAMBIO EN LA DECORACION GUBERNAMENTAL. El pobre siguió siendo pobre, sujeto a las mismas opresiones, bajo los mismos despotismos Los hacendados continuaron tiranizando a sus peones, los patronos a sus obreros, los amos a sus criados... El pueblo mexicano, seguía, pues, teniendo hambre y sed de justicia según la célebre frase de Justo Sierra. Tampoco había sufrido cambio alguno la viciosísima organización económica del país, y las tres quintas partes de los habitantes de México, que son trituradas por ella, continuaron en su condición de bagazo humano, a pesar del triunfo de Madero... Y como el pueblo tiene la tendencia irreducible de simplificar y personificar responsabilidades, bien pronto aconteció que Madero fuera declarado causante de todas las desgracias y calamidades que afligían al país».

todo este cúmulo de circunstancias agravantes se suma la visible corrupción del ejército que, impotente para sostener y salvar a su amo—Porfirio Díaz—, había aceptado el nuevo estado de cosas y sometídose FEMENINAMENTE a él, no era difícil predecir que la reacción militarista surgiría en breve tiempo. Así aconteció: primero el levantamiento de un ex-ministro (1) de Guerra y Marina en el Gabinete del dictador, luego, la sublevación del guerrillero Pascual Orozco en quien Madero había depositado su confianza, más tarde, en Veracruz, (2) Félix Díaz—sobrino del tirano—lanza el grito de rebelión sin que encontrara eco y meses después la unión de éste y otros elementos, enemigos acérrimos del nuevo Gobierno, que dió lugar al abominable asesinato del Presidente Madero y del Vicepresidente Pino Suárez, en febrero de 1913.

Al clamor unánime que se levantó en toda la República pidiendo el inmediato castigo para los autores de la asonada militar en Veracruz, el Presidente Madero contestaba sonriente que «la espada de la ley caería inflexible sobre la cabeza de los culpables». Y la espada de la ley que aún permanecía en manos de la Justicia (!) creada bajo los auspicios de Porfirio Díaz, quedóse escondida entre los pliegues del manto de la inmoralidad con que se cubrían los encargados de impartirla, trocándose más tarde en el puñal del sicario que asesinara en las personas del Presidente y del Vicepresidente de la República, los indiscutibles principios de LEGALIDAD y CONSTITUCIONALIDAD.

El «cuartelazo» de 1913

Los «científicos» apoyaron moral, intelectual y materialmente a los pretorianos y a los enemigos de la evolución democrática, y un «cuartelazo» brutal, con todas las características de una reacción militarista y sanguinaria, estalló en la propia capital de la República en febrero de 1913.

Francisco I. Madero

J. M. Pino Suárez

El atentado consumóse. Victoriano Huerta, general del antiguo ejército de Porfirio Díaz y a quien éste tenía postergado, fué el brazo de esa reacción militarista encargado de asesinar a Francisco I. Madero y José María Pino Suárez, Presidente y Vicepresi-

---

(1) General de División Bernardo Reyes, muerto al atacar el Palacio Nacional en febrero de 1913.
(2) Madero al perdonar la vida a Félix Díaz, mostró una benignidad e hidalguía que, si bien lo enaltecía como hombre, lo sentenciaba en definitiva como gobernante.

dente, respectivamente, electos por asombrosa mayoría de *votos directos* del pueblo, para ocupar tan altos puestos. Huerta pagaba en esta forma los múltiples favores con que Madero lo había cubierto oficial y privadamente.

El Gobierno (?) de la usurpación y del crimen

Burdamente cubierto con el ropaje de una abyecta legitimidad, surgió el Gobierno (?) de la usurpación y del crimen, teniendo al frente al beodo, asesino y traidor Victoriano Huerta.

Fío a la pluma del eximio poeta guatemalteco Santos Chocano, hacer el retrato de este monstruo repugnante. Lo pinta así: «Huerta aparece como un personaje escapado de una tragedia de Shakespeare, que se pasea risueño en su decrepitud de pantera desdentada por el *jardín de los suplicios*, gozándose en escuchar las lamentaciones de un coro esquilano de viudas y huérfanos. Este monstruo de mirada siniestra y manos temblorosas ha venido a enriquecer la fauna de las bestias humanas de Zola; ha sido capaz de vivir un capítulo de la novela de Nerón, pero un nuevo capítulo, porque Nerón no acostumbraba a conciliar el sueño sobre los lechos de sus víctimas, y Huerta se ha proporcionado la voluptuosidad de DORMIR TRANQUILO EN EL MISMO LECHO EN QUE HIZO APUÑALAR UNA NOCHE AL INFELIZ MADERO».

Para que la brusca comparación de personajes lleve al lector a meditar en el execrable asesinato del Presidente Madero y a comprender mejor el por qué de la protesta unánime de la Nación, veamos como Isidro Fabela nos describe a éste, en un artículo intitulado *«El Apostol Madero»*: «Fué como todos los alucinados, como todos los apóstoles: admirado y escarnecido y burlado. Le odiaron hasta la muerte y lo glorificaron hasta la inmortalidad. Indiscutido por la admiración delirante de todo el pueblo, cayó al golpe artero del pasado, resentido siempre con los flamantes ideales del porvenir. Era un rebelde, no un rebelde cercenador de vidas, sino un rebelde propagador de ideas. Su palabra de verdad, no era de artista para conmover, sino de sembrador para crear. Pasó por la República como un Mesías, predicando la buena nueva de la libertad y de la democracia y murió al despechado golpe de la reacción. Era un gran bueno como Juan Huss y como Cristo, y como ellos, ascendió al suplicio sin rencores ni esperanza de recompensa. Podría estar engañado, pero no sabía engañar. Sus ojos de niño-genio no mentían nunca; sus manos misericordiosas jamás temblaban. Nunca se abatía su frente ni desmayaba su voluntad. Desdeñaba el remordimiento y el odio para practicar el perdón. Soñaba en el bien y despreciaba el mal. Para él todos los hombres eran buenos mientras no le demostraran lo contrario. Veía como un bienaventurado, sin temor ni amargura; con una confianza ciega en el porvenir y una fe inhumana para los hombres. Soñaba como los justos, sentía como los misericordiosos, pensaba como los redentores. Era un santo laico. Como a la doncella de Orleans, un día lo conquistó el soplo divino de una idea libertaria, y se transformó de hombre en apóstol con toda su alma y con toda su vida. Era un cerebro con una sola idea: LIBERTAD y un corazón con una palabra: AMOR. Se ha dicho en mi patria inolvidable y amada, que la obra trascendente de Madero se adelantó a su tiempo. No es verdad: Madero fué oportuno en su apostolado como fué oportuno en su martirio. México necesitaba después de un dictador legendario como Porfirio Díaz, un idealista como Madero, que desafiando la tremenda fuerza de los derechos adquiridos y de la costumbre, se presentara al pueblo, radiante y valiente para señalarle el camino de la verdad, del honor y del bien. ¿Qué fué un mal gobernante? Tal vez; los gobernantes no se improvisan como los apóstoles. Madero no nació para ser mandatario sino para ser símbolo; por eso subió a la gloria en la escala envidiable del martirio».

Contra el asesinato del Presidente y Vicepresidente, genuinos representantes de la legalidad, contra el entronizamiento de una nueva dictadura militar y contra la usurpación de los puestos que debieron de continuar siendo ocupados por los ungidos legítimamente por el voto popular, se alzó la protesta de Venustiano Carranza, Gobernador constitucional del Estado de Coahuila.

La nueva revolución que se iniciaba con la protesta de Carranza, perseguía dos fines: 1.º, adaptar los preceptos de la Constitución de 1857, a las necesidades que se habían hecho sentir durante el desarrollo progresivo de la vida nacional; 2.º, la restitución de la constitucionalidad del Gobierno, bruscamente detenida por el golpe pretoriano de Huerta y sus cómplices, apoyándose, para lograr este último fin, en el artículo 128 de la propia Constitución, que de manera inconfundible concede al pueblo facultades para restituir a la Nación al orden legal. De ahí que la revolución encabezada por Carranza, adoptara como lema el de «CONSTITUCION Y REFORMAS», condensando en dos palabras la finalidad de ese movimiento armado.

La revolución constitucionalista

No tratándose, pues, de vengar la muerte de Madero y Pino Suárez,—como malévolamente se ha esparcido, para desvirtuar el móvil de la revolución constitucionalista—, sino de castigar a los asesinos del Presidente y Vicepresidente de la República, cuyos puestos habían usurpado los dignos descendientes del «*Héroe de la Paz*»; para derrocar a la incipiente dictadura militarista que se había adueñado del Poder por medio del crimen y a fin de que al volver la República por el sendero de la legalidad, pudiera modificarse la Constitución en el sentido que los anhelos populares se habían manifestado, al adherirse a los postulados proclamados por Madero en 1910, fácil es comprender el entusiasmo y la celeridad con que todas las clases sociales secundaron este movimiento de reivindicación. Hoy un Estado, mañana otro; improvisándose rápidamente legiones de soldados constituídas por simples civiles, las ciudades caían en poder de la revolución, los puertos se rendían y el Gobierno usurpador residente en la ciudad de México, sentíase vacilar y caer.

Horripilante y casi interminable es la lista de los crímenes que Huerta y sus secuaces cometieron en toda la Nación mientras tuvieron el Poder en sus manos. Los más espeluznantes asesinatos, las perfidias más increíbles fueron cometidas por órdenes directas del usurpador, que trataba de acallar los gritos de su conciencia con sangre y alcohol. Era un trágico círculo vicioso en el que se debatía constantemente el asesino: la embriaguez del alcohol lo incitaba a la borrachera de sangre y nuevamente pasaba de ésta a aquélla; su trágico cinismo endureció su inconfundible aspecto de criminal nato; la sangre iba dando mayor elasticidad a su conciencia, el vino abotagaba sus facciones: era una hiena, ébria de cognac.

Venustiano **Carranza**

Cual grupo de antropófagos que huyen al terminar un salvaje festín, así salió Huerta de la República rodeado de sus cómplices, después de haber entregado el Poder usurpado en manos de Francisco Carvajal, en julio de 1914.

La revolución constitucionalista había triunfado prácticamente en toda la República; procedióse al establecimiento de un Gobierno *pre-constitucional* y se llegó a pensar que el flamante ejército revolucionario era *«uno e indivisible»*, más los hechos bien pronto se encargaron de demostrar lo contrario, comenzando una serie de desastrosas desavenencias y funestos rompimientos.

La Convención

De la misma manera que es imposible encauzar violentado y sin previa preparación la corriente impetuosa de un río que se desborda, así resultaron de infructuosos cuantos esfuerzos se hicieron para tratar de contener y orientar el desbordamiento de pasiones que tuvieron su origen en el triunfo de la revolución constitucionalista, ya que la forzosa heterogeneidad de sus componentes habría de producir, irremisiblemente, escisiones personalistas cuyas funestas resultantes no tardaron en manifestarse en el ambiente nacional; escisiones que perduraron por más de cinco años, para escarnio y vergüenza de sus voluntarios engendradores.

Aún cuando la Convención reunida primeramente en la ciudad de México y más tarde en la de Aguascalientes, tenía por base el lograr la unificación de los diversos elementos que habían figurado en el derrocamiento del llamado Gobierno de Huerta, ésta no llegó a efectuarse sino en la apariencia, resultando ser el parapeto tras del que se escudaron los bandos disidentes de Francisco Villa y Emiliano Zapata; quedando, por lo tanto, rotos los vínculos entre los diversos grupos y aislados los elementos de valía intelectual y de indiscutible probidad.

Francisco Villa

Tema es éste, de la Convención,—al igual que otros muchos de los tratados aquí—para razonados y largos estudios que las dimensiones del folleto y el objeto del mismo me vedan iniciar.

Se consolida la revolución.—Carranza en Veracruz

Ya durante la primera etapa de la revolución constitucionalista—1913-1914—habíase destacado por su indiscutible energía, su natural talento y sus sorprendentes dotes militares, Alvaro Obregón. De ahí que, cuando la seguridad del Gobierno pre-constitucional de Carranza peligraba en la capital de la República por la infidencia de múltiples jefes revolucionarios y era trasladado al puerto de Veracruz, al abandonar la actitud de defensa en contra de los infidentes y decidirse a efectuar una arrolladora ofensiva, se hubiera resuelto, sin vacilar, el nombramiento de Obregón como jefe supremo de ese movimiento definitivo.

Aniquiladas a mediados de 1915 las temibles y poderosas legiones de Francisco Villa, por el tacto insuperable y el valor positivo del General Obregón, se consolidó el Gobierno de la revolución. Fué entonces, lógicamente, Alvaro Obregón el factor fundamental y casi único para que el orden constitucional—interrumpido como queda dicho por el asesinato de Madero y Pino Suárez—, se restableciera en la Nación el 1.º de mayo de 1917, al protestar ante el Congreso de la Unión, don Venustiano Carranza, como Presidente constitucional de los Estados Unidos Mexicanos.

Refugiados en el puerto de Veracruz los revolucionarios que no habían seguido a la Convención en su inusitado afán de cambiar Presidentes de la República (?), (1) a diestra y siniestra, tuvieron la momentánea satisfacción de que don Venustiano Carranza tratara de llevar a la práctica las promesas hechas en nombre de la revolución, al ver que dictaba la «Ley del Municipio Libre»—base sobre la que descansan los Gobiernos democráticos —; «la Ley Agraria»,—que venía a llenar un vacío que se mostraba latente desde épocas lejanas—; la «Ley del Divorcio», y otras muchas no menos importantes y que tendían a mejorar el estado social del pueblo mexicano.

Puedo afirmar, sin temor de equivocarme, QUE JAMAS CARRANZA TUVO MAYOR NUMERO DE SIMPATIZADORES NI MAS DESINTERESADOS, NI MAS SINCEROS, COMO LOS QUE LE RODEARON EN VERACRUZ. Excusado es decir que por docenas se pueden contar quienes trataron de tomar las aguas del puerto, como milagrosa piscina que purificara sus lacras políticas; pero, a pesar de todo, el ambiente reflejaba una fe y una lealtad indiscutibles, que predominaban en la inmensa mayoría de los servidores de la administración pública.

Claudicación de Carranza

Consolidado el Gobierno pre-constitucional de Carranza por el triunfo de Obregón sobre Villa y reconocido por una inmensa mayoría de las naciones extranjeras como Gobierno *ipso facto*, el pueblo empezó a darse cuenta del peso abrumador de este período, que signicaba, sin eufemismo alguno, la erección de una dictadura. Esta nueva dictadura con ribetes de libertad, no sirvió en manera alguna para poner coto a los naturales desmanes, corolario indispensable de las revoluciones en todos los países y todas las épocas, sino que por el contrario, Carranza fomentaba los desórdenes con su lenta, primero, y al final, desenfrenada carrera, hacia la abdicación más completa de los postulados de la revolución y hacia la violación más absoluta de las leyes.

Una vez más el pueblo vió defraudadas sus esperanzas, truncados sus anhelos de bienestar. Fué víctima de la sinceridad con que se lanzara a la lucha y de la perfidia de quienes se titulaban pomposamente SUS LIBERTADORES. El mismo hombre que lo había animado a luchar por la reconquista de sus derechos, era el que hoy los hollaba. El caudillo arrojaba la máscara y aparecía en su verdadero papel: ERA UN AUTOCRATA

Las leyes que se habían dictado en Veracruz como cebo para retener a los revolucionarios sinceros, fueron quedando postergadas o enmendadas en forma tal, que era de todo punto imposible reconocerlas. Fué notorio el desprecio con que Carranza escuchaba las razonadas protestas de sus leales partidarios, al ver que los más altos y delicados puestos públicos eran ocupados por individuos que, aparte de sus pésimos antecedentes políticos, la opinión pública los señalaba insistentemente como carentes de honradez. Para poder dar una idea de las características de los individuos que formaron el Gabinete de Carranza—*las excepciones confirman las reglas*—, bastará significar que eran acreedores a tres adjetivos: IMPOPULARES, IMPÚDICOS e INEPTOS.

Con el preconcebido fin de no tener quien objetara sus dictatoriales mandatos, Carranza siempre se rodeó del mismo grupo de incondicionales, que, esclavos de quien los había sacado de la obscuridad de donde nunca debieron salir, se concretaban a figurar decorativamente en los ministerios. Así por ejemplo: jamás se llegó a ver el

---

(1) En cortísimo plazo fueron designados por la «Convención» para tal puesto, Eulalio Gutiérrez, Roque González Garza y Francisco Lagos Cházaro. Quizá hubo quien sinceramente deseara comprobar el alcance de la conocida máxima jurídica, de que *el abuso no mata la utilidad de una cosa*.

gabinete presidencial totalmente integrado; ministerios tan importantes y delicados como el de Relaciones Exteriores y el de Guerra y Marina, los tenía encomendados a subalternos: en el primero se obedecían las consignas de su yerno y en el segundo se repartían ascensos, armas y municiones, por disposición de su jovial jefe de Estado Mayor Presidencial,—especie de náyade con indumentaria y arreos que envidiaría Guillermo de Hohenzollern en sus mejores días—.

Sin esfuerzo alguno podría yo llenar varios tomos con las narraciones documentadas y pruebas testimoniales de los peculados, fraudes, abusos de diversa índole, transgresiones a las leyes, desacatos a las disposiciones del poder judicial, burlas al poder legislativo, imposición de gobernadores, ayuntamientos, senadores y diputados, que. cuál las fatídicas *«siete plagas de Egipto»* asolaron a la Nación en los tres últimos años de la administración (?) carrancista. Felizmente, ya el actual Presidente de la República don Adolfo de la Huerta, interpretando el sentimiento nacional y con estricto apego a la ley, ha comenzado minuciosas averiguaciones para depurar las enormes responsabilidades efectivas, que pesan sobre los prohombres y favoritos del régimen pasado.

Manuel Aguirre Berlanga, Ministro de Gobernación en el gabinete de Carranza y máquina productora de Gobernadores, Diputados, Senadores y Ayuntamientos de elección (!!) popular.

Por qué se sostuvo el Gobierno carrancista

En el propio libro de Calero (1) a que aludo en este folleto, he encontrado unos atinadísimos conceptos, sobre los diversos factores que contribuyeron directamente a sostener el Gobierno carrancista, y que copio a continuación:

«Carranza no cayó de su solio porque con sus amaños de viejo político (2) encontró siempre el modo de sortear obstáculos; PERO PRINCIPALMENTE LE SOSTUVO LA *LEALTAD GENEROSA* DE OBREGON, a más del miedo que Pancho Villa inspiraba a la mayor parte de los caudillejos carrancistas. Villa sí era formidablemente fuerte, con la fuerza del verdadero caudillo militar; pero su ferocidad implacable obligaba a los que no eran de los suyos a buscar la defensa en la unión, a agruparse en torno de Carranza con el instinto del rebaño que se siente en peligro.

Pero ¿cómo conservar esta fidelidad facticia, producto, como se ve, de especialísimas circunstancias? Carranza no podía hacer otra cosa para lograrlo, que dejar a sus leudes en libertad completa para satisfacer, a expensas de los pueblos, todas sus pasiones y apetitos. Si hubiera pretendido reducir aquellos, él habría sido la primera víctima; pero

---

(1) CALERO (Manuel). ‹*Un decenio de política mexicana*›. Nueva York, febrero de 1920.
(2) N. del A. – Carranza fué por varios años, Senador ‹gobiernista› durante la tiranía de Porfirio Díaz.

si los soltaba sobre el país, cual manada de potros salvajes en lujuriante campo de trigo, para que se atiborraran las fauces y los vientres hasta saciarse, podía estar seguro de seguir siendo el rabadán nominal de la manada. Poco a poco los iría domesticando; pero el proceso era lento, de años quizá.

He aquí la filosofía del «período pre-constitucional», durante el cual la aparente omnipotencia del Primer Jefe no fué otra cosa que la máscara de su extrema debilidad.

Carranza, sin embargo, necesitaba cohonestar su posición vacilante e ingrata, y para ello discurrió a anunciar que la suspensión obligada de todo orden constitucional era una medida de alta política, dictada deliberadamente para realizar importantes reformas sociales. ¡Donosa explicación, propia de quien, por respeto a la vergüenza pública, acude hasta al más frágil artificio para cubrir su propia desnudez!»

Yo disiento con la opinión de Calero, en el sentido de que el período pre-constitucional se imponía inevitablemente *para realizar importantes reformas sociales* que, dentro de un período constitucional, exigen para ser llevadas a efecto trámites en extremo complicados y largos. ¡Si en realidad se hubiera aprovechado el período pre-constitucional para llevar a feliz término las reformas que precisaba el programa revolucionario! Ya se ha visto en el capítulo anterior, el curso que siguieron las leyes y disposiciones dictadas con propósito de «*camouflage*».

El «PARTIDO LIBERAL CONSTITUCIONALISTA»

Se puede señalar como causa primordial y definitiva del desprestigio de Carranza entre sus propios simpatizadores, la saña y obstinación con que persiguió al «PARTIDO LIBERAL CONSTITUCIONALISTA», agrupación política que lo llevó a la Presidencia de la República. Provocó terribles desavenencias entre sus componentes para exterminarlo después, apeló a todos los medios posibles e imaginables para desprestigiar individual y colectivamente a todos sus miembros, no logrando con su conducta, sino que se segregaran de dicho partido político, paulatinamente al principio de las persecuciones y más tarde en compactos grupos, todos los que habían visto en esta agrupación el medio de obtener un empleo público o la forma de conservarlo. Gracias pues, a Carranza, el Partido fué una especie de depurativo, que por eliminación quedó reducido a no más de dos docenas de fieles y sinceros simpatizadores de la revolución, enemigos jurados de la egolatría que obsesionaba al ex-caudillo, amantes de los sanos principios democráticos y furibundos perseguidores de los necios personalismos.

General de División Benjamín G. Hill

El más firme y desinteresado sostén del «*PARTIDO LIBERAL CONSTITUCIONALISTA*» en sus épocas aciagas.

El origen del «PARTIDO LIBERAL CONSTITUCIONALISTA» tenía el doble aspecto de oficial y revolucionario radical, ya que en su primitivo centro director figuraron sin excepción alguna, todos los miembros del gabinete presidencial, conspícuos políticos, altos funcionarios, prestigiados jefes del ejército, empleados de la administración pública, periodistas, etc. Por esta razón, Carranza y los suyos, fieles a la táctica seguida por el déspota Porfirio Díaz, creyeron que una vez habiendo logrado elevarlo a la Presidencia de la República, el Partido no tenía ya razón de ser y los que con toda buena fe se habían hecho miembros de esa agrupación política, tornarían a sus trabajos ordinarios sin preocuparse de programas, tendencias o postulados. Mas no fué así: desde que se inició la discusión de candidatos a senadores y diputados pudo notarse que predominaba el deseo de poder establecer un verdadero partido político de principios, en concordancia con las promesas de la revolución, para dar forma a aquellos y no desvirtuar a ésta. De ahí que, al subir Carranza a la silla presidencial, el Partido no sólo no se haya disuelto, sino que, como antes dije, fué una institución fuerte y definida, mientras no empezaron las persecuciones de que se le hizo víctima por la odiosa camarilla que rodeaba al Presidente.

El «PARTIDO LIBERAL CONSTITUCIONALISTA» no se dió por vencido. Recia atalaya contra el despotismo de que se ufanaba la administración carrancista, de su seno salieron seis o siete denodados defensores del programa revolucionario y en la tribuna y la prensa combatieron dentro de la más estricta legalidad, las lacras del Gobierno. Por las especiales circunstancias en que nació, se desarrolló, alcanzó su grado máximo de apogeo, llegó a debilitarse por la cantidad—*que nunca por la calidad de sus miembros*—y surgió nuevamente, esta agrupación política tan fiera e injustificadamente atacada por asalariados escritorzuelos, perseguida con tenacidad increíble por esbirros y polizontes, y calumniada por abyectos politicastros, pasará a la historia de México rodeada de una aureola de prestigio, pese a sus viles detractores.

Alvaro Obregón se retira a la vida privada

En mayo de 1917 el General de División Alvaro Obregón, Ministro de Guerra y Marina en el Gabinete de Carranza, solicitó y le fué concedida, licencia para separarse indefinidamente del ejército, a la vez que renunciaba a cartera tan delicada. Fundaba ambas cosas en que, habiendo vuelto ya la Nación a encauzarse dentro del sendero de la legalidad del que la separara el crimen y la usurpación de Victoriano Huerta, sus servicios ya no eran todo lo necesarios que habían sido hasta entonces.

Si lauros había conquistado Obregón en los campos de batalla con su genio militar, victoria más grande y más honrosa fué para él su retirada del tablado político. Su separación del gabinete presidencial fué como el toque de atención, para que muchos hombres que aún permanecían puros se dejaran arrastrar por la ola de fango que envolvía a la administración pública, ya que la órbita de prostitución en el Gobierno alcanzaba desde el jefe del mismo a los ujieres de los edificios nacionales. Los ideales de la revolución fueron escarnecidos por los nefastos corifeos del carrancismo; de las teorías de redención que sirvieran meses atrás de grito de reunión para los hombres de buena voluntad, no quedaban en pie sino sus cínicos violadores y los postulados que se habían brindado al pueblo, como algo sagrado, fueron convertidos en vulgares meretrices sobre las que cabalgaban desaforadamente los falsos libertadores.

A pesar de todo, el lema oficial continuaba siendo «CONSTITUCION Y REFORMAS». ¡¡Constitución!!, cuando a diario se violaban sus preceptos. ¡¡Reformas!!, que sólo habían tenido por objeto reducir a su más mínima expresión las facultades de los poderes legislativo y judicial, para ensanchar el círculo del poder ejecutivo y consolidar las bases de una nueva y oprobiosa dictadura.

Obregón dió entonces la pauta de su honradez y demostró la firmeza de sus ideales, ya que le hubiera bastado pronunciar una sola palabra y la dorada silla presidencial hubiera sido por él ocupada. La rectitud de sus principios, el celo justificado por conservar su nombre libre de mancha alguna y la lealtad de que diera tantas pruebas, formaron infranqueables barreras que no pudieron traspasar los cantos atrayentes de las sirenas de la adulación, ni las deslumbrantes promesas de malignos consejeros. Si no hubiera tenido Obregón méritos anteriores para haberse captado la simpatía y admiración de la gente honrada, el hecho insólito de renunciar a todos los honores y declinar todas las ofertas que se le brindaban, habría sido motivo más que suficiente para conquistar el aplauso y la aprobación unánimes.

Sonriente y sin jactancia alguna, la tarde en que Obregón salió de la ciudad de México para las lejanas tierras de Sonora, dijo a la enorme muchedumbre que fué a despedirlo, de pie sobre la plataforma del tren, que «NO DUDABA QUE EL GOBIERNO DEL SEÑOR CARRANZA FUERA EL MAS CAPACITADO Y AUN EL MAS OBLIGADO A CUMPLIR CON LAS PROMESAS QUE LA REVOLUCION HABIA HECHO AL PUEBLO; Y SI NO LO HACIA, PROMETIA SOLEMNEMENTE REGRESAR A EXIGIR SU DEBIDO CUMPLIMIENTO». Esta espontánea oferta de Obregón fué tanto más conmovedora y solemne, cuanto que la hizo frente a un numeroso grupo de soldados mutilados en la revolución, que había acudido a vitorearlo.

Con la partida de Obregón, los que en una o en otra forma habían tomado parte en el movimiento revolucionario, se dividieron en dos grupos: los honrados, los sinceros, los realmente patriotas, vieron retirarse al nuevo Cincinato y su pensamiento se clavó en el futuro nacional; los funcionarios inmorales, los prevaricadores, los traficantes de las miserias del pueblo, se congratularon por la desaparición de Argos y una idea fija normó sus actos desde entonces: ASALTAR LAS ARCAS DEL TESORO NACIONAL.

Iniciación de la campaña electoral

En la ciudad de Nogales, Sonora, el 3 de junio de 1919 Alvaro Obregón dió lectura ante numeroso auditorio, a un «Manifiesto a la Nación», que fué reproducido y comentado por los principales diarios de América, cuyos capítulos más importantes transcribo a continuación:

> «Hasta este retiro en donde quise hacer de mi vida una consagración a la actividad del trabajo y a la tranquilidad del hogar, he sentido en los últimos meses algo así como la resaca que llega a las playas cuando los mares se agitan en su centro; y esto que al principio parecía ligero y sin importancia, ha venido en aumento hasta determinar en las últimas semanas una seria preocupación de parte mía.
>
> Al principio fueron unas cuantas cartas, principalmente de amigos míos, las que venían insinuándome que abandonara mi apartamiento y que me preparara para entrar en la contienda política que se aproxima; y en los días en que esto escribo, son ya innumerables las insinuaciones que me llegan, de amigos y de personas desconocidas, de agrupaciones obreras, de representantes de grupos políticos, etc., etc., y, por fin, algunos partidos políticos ya organizados en diferentes lugares del país, han lanzado mi candidatura para Presidente de la República en el próximo período Constitucional.
>
> Las comunicaciones que a este respecto recibo, varían mucho de estilo; unas vienen en tono de súplica, otras en tono imperativo, algunas señalandome responsabilidades históricas si declarara mi abstención en la contienda, etc.
>
> Y la representación con que dicen dirigirse a mí, es más variada aún. Me hablan en nombre de la Patria, de la Democracia, de la Revolución, del grupo a que los dirigentes pertenecen, etc.

Yo, solamente puedo interpretar en las comunicaciones de que me ocupo, el sentir personal de cada uno de los que las susbcriben, o manifestaciones aisladas de grupos políticos locales.

El camino del deber

Tengo, pues, que dejar a mi criterio la tarea de resolver cuál es el camino que el deber me señala, ya que no es posible permanecer indiferente ante la situación que se avecina, y, asesorado por él, buscar el origen de esta agitación, cuáles los peligros que augura, y, por fin, como antes dije, el lugar que me corresponda para ir a él sin vacilaciones, con la misma sumisión con que fuí a los desiertos de Chihuahua cuando el deber me señaló

Alvaro Obregón

allá mi sitio con motivo de la infidencia de Pascual Orozco, como marché contra Victoriano Huerta a raíz de los memorables sucesos de la decena trágica, como marché a Celaya cuando Francisco Villa, olvidando los compromisos contraídos con la Revolución, se declaró infidente y desconoció al Jefe Supremo de ella, y, por fin, como marché a mi casa para volver a mi vida de trabajo, cuando restablecido el orden constitucional dentro de una legislación avanzada, quedaron conquistados los principios fundamentales inscritos en la bandera de la Revolución.

Los peligros en esta vez se presentan sin duda en distinta forma, pero hay que aceptarlos y hay que investigar su origen y señalarlos sin prejuicios ni preocupaciones, ya que para esto me encuentro favorecido por la más absoluta independencia, sin ligas ni compromisos de ninguna clase.

Dos años de orden constitucional

Para hacer esta investigación, en la que llevaré como única mira los sagrados intereses de la Nación, no tomaré en cuenta los hombres ni los nombres y me concretaré a los hechos:

Dos años hace apenas que el orden constitucional fué devuelto a la Nación, restaurándonos ese acto todos los derechos que nos habían sido arrebatados por la usurpación, y quise ser uno de los primeros en disfrutar de ellos, ya que significan el triunfo más legítimo conquistado por el sacrificio de todos nuestros compañeros muertos en la lucha. Renuncié de la manera más espontánea a los arreos de soldado, a los que tuve que sujetarme por varios años por un mandato del deber cuando éste nos exigió recobrar con las armas en la mano, lo que con idénticos medios nos había sido arrebatado en aquellas memorables jornadas de la decena trágica, cuando se creía que habían desaparecido para siempre los benditos fueros que supieron comprar con su sangre nuestros ilustres antepasados, para legarnos como herencia de civismo.

Dos años hace apenas que vivo dentro del más legítimo bienestar, y ya tengo que abrir un paréntesis de zozobras, responsabilidades y peligros, para no romper los vínculos que al deber me unen.

Para fijar el lugar que me corresponde necesito hacer una investigación minuciosa de las causas que originan el malestar que se está dejando sentir y las zozobras que despierta la próxima campaña electoral, en que el pueblo debe designar al sucesor del actual Presidente de la República.

Dos son los puntos capitales que hay que estudiar y son: PRIMERO.—Cuál es la situación política del país. SEGUNDO.—Cuáles son las causas que originan el malestar que se deja sentir cada día más, y el que toca casi los linderos de la angustia.

Los partidos políticos

¿Cuántos partidos políticos hay actualmente en el país, y cuáles son sus tendencias?

Hay sólo uno en actividad y sus tendencias son avanzadas; pero está dividido en infinidad de grupos, los que varían entre sí solamente en detalles, que más bien pueden considerarse como variantes que obedecen al carácter de sus organizadores.

¿Cuántos partidos políticos han existido en el país?

Solamente dos: partido conservador y partido liberal, con tendencias diametralmente opuestas.

Cómo se desligaron los liberales de los conservadores

¿Cómo quedaron desligados esos dos partidos políticos?

Desde que en nuestro país se inició el primer movimiento libertario, quedó dividida la familia mexicana en dos partidos políticos, formado uno por los opresores y otro por los oprimidos, tomando los primeros el nombre de CONSERVADORES y los segundos el de LIBERALES. El primero lo integraron los grandes acaudalados, el alto clero y los extranjeros privilegiados, y el segundo, todas las clases trabajadoras, jornaleros, obreros, profesionales, agricultores, ganaderos e industriales en pequeño, constituyendo este último grupo una gran mayoría de familia mexicana, cuya fuerza ha quedado plenamente demostrada, en las contiendas armadas, de las que ha salido invariablemente victoriosa, no obstante las desventajas en que se ha encontrado siempre al iniciarse la lucha.

¿Qué otros elementos han reforzado al partido conservador?

En los movimientos posteriores al de Independencia, el partido conservador se ha visto reforzado por miembros del partido liberal que han prostituído su prestigio, cegados por su ambición o en defensa de fortunas ilícitas, y éstos han sido generalmente utilizados por el partido conservador como vehículos para hacerse conducir hasta el Poder. Este tipo de neo-conservadores ha significado en todas las épocas, el escollo más serio para la realización de los principios liberales

Los triunfos liberales

¿Por qué siempre triunfa el partido liberal en las luchas armadas?

Porque el partido liberal está integrado por una gran mayoría del pueblo, y cuenta, por lo tanto, con la inmensa fuerza que da la opinión pública.

Porque el partido conservador, en el cual señalé a los extranjeros privilegiados, busca siempre, por conducto de éstos el apoyo de sus respectivos Gobiernos, haciendo así odiosa su causa ante la conciencia nacional, y dando fuerza al enemigo con el amago exterior que se le presenta.

Porque los componentes del partido conservador, con muy raras excepciones, no son elementos de combate y encaminan todos sus esfuerzos a la defensa de sus intereses materiales, revistiéndose de una aparente neutralidad que dista mucho de ser cierta, y su labor resulta deficiente por concretarse únicamente a comprar prestigios y pagar puñales, ignorando quizás que el prestigio que se vende deja de ser prestigio, y que el puñal que se paga sirve sólo para aumentar el número de los mártires, y que éstos han sido siempre el mejor combustible para inflamar la hoguera de las iras populares.

Así van acumulando desaciertos hasta labrar su propio desastre, después de haber sido explotados por los falsos caudillos que les alquilan sus espadas.

El triunfo de un neo-conservador

¿Cuál sería la situación del ejército si un neo-conservador llegara al Poder supremo de la Nación, asesorado por el partido conservador, después de haber sido vencido en los campos de batalla por ese mismo ejército?

El ejército quedaría supeditado, sin ningún género de dudas, a los jefes que llevan inscrito como no supremo anhelo en sus banderas el lema de «Poder y Riquezas», y le querrían dar el papel de verdugo para acallar la opinión pública, colocándolo entre la Ordenanza y la conciencia, entre el deber del soldado y la dignidad del ciudadano; como verdugo al servicio del tirano o como víctima del honor, estableciendo un escalafón de ignominia donde los grados serían determinados por sus crímenes.

¿Cuál sería el porvenir histórico de la Revolución Constitucionalista y de su Primer Jefe, si el partido conservador lograra, con la complicidad de los jefes que he dejado señalados, controlar el Poder supremo de la Nación y destruir la obra revolucionaria en su naciente legislación? FATAL: Existe la creencia general de que el Primer Jefe del Ejército Constitucionalista observó algunas tolerancias con los jefes militares, especialmente en aquellos actos de medro personal, porque creía que el único objetivo durante la lucha, era el derrocamiento por medio de la fuerza armada del usurpador Victoriano Huerta, primero, y la sujeción del infidente Francisco Villa, después de establecido el Gobierno constitucional y cuando contara ya con mayor suma de autoridad.

Posteriormente se ha creído que los actos de corrección han sido aplazados debido a las difíciles condiciones porque ha tenido que atravesar el Gobierno, dejándolos para que sean más fácilmente ejecutados por un sucesor que no tenga compromisos políticos que lo detengan.

Pero si al fin esos hombres resultan no solamente impunes, sino adueñados del Poder y cubriendo la vanguardia del partido conservador que combatió la revolución, destruirían los frutos que aún es tiempo de cosechar de la buena simiente que la revolución sembró, y que ha sido regada con torrentes de sangre anónima. Entonces una justa protesta de indignación brotará de toda la República contra los directores de un movimiento armado que ensangrentó y desoló al país por muchos años, que dislocó todos los órdenes de cosas para producir, como único y amargo fruto, un grupo de ambiciosos que se adueñen del Poder y de las riquezas de la Nación.

¿Cuáles son las causas de la incertidumbre?

¿Cuáles son las causas de la incertidumbre y zozobra que invaden actualmente al país?

Hay el fundado temor de que los intereses materiales acumulados durante la revolución por los jefes poco escrupulosos, signifiquen una barrera infranqueable para la implantación de los principios avanzados que se proclamaron durante la lucha y muy especialmente del que ha servido de base fundamental, o sea la EFECTIVIDAD DEL SUFRAGIO.

Hay, además, en la gran mayoría, el legítimo deseo de verse libres de toda tutela oficial a la hora del sufragio, tutela que ha significado en nuestro país, según lo demuestra larga experiencia histórica, la guillotina de todas las libertades públicas. A este deseo tan legítimo se le está dando ya torcida interpretación, y hay periódicos encargados de decir que es la obra de la reacción que pretende arrebatar el Poder a los caudillos.

Después de hacer las observaciones anteriores, el criterio se orienta llegando a las siguientes conclusiones:

Los temores y ansiedades

I.—Hay gran ansiedad en todo el país porque se teme, fundadamente, que la libertad de sufragio, principio que ha servido de eje cardinal al movimiento armado, se vea entorpecido por la barrera que le presentarán los intereses materiales acumulados durante el período revolucionario por muchos de sus principales caudillos y directores.

II.—Hay el temor, bien fundado, de que un fracaso político del partido liberal dé al conservador la oportunidad de destruir las incipientes reformas. Un triunfo del partido conservador pondría en peligro a todos los miembros del ejército que no hayan empañado sus espadas con el vaho de la ambición, ni prostituído sus laureles al peso del oro que envilece.

III.—Hay gran ansiedad también, porque se considera la paz en peligro si el pueblo ve defraudar sus anhelos supremos, que han sido durante la lucha único lenitivo para atenuar sus dolores y sus miserias.

IV.—El partido liberal a cuya custodia ha estado siempre la dignidad nacional, por haber sido el único que la ha defendido noblemente con su sangre cuando se ha visto amagada por ejércitos extranjeros atraídos por el despecho del partido conservador, está en peligro porque unos cuantos de sus llamados directores han desvirtuado sus principios y desertado de sus filas.

V.—El único obstáculo para la implantación de los principios avanzados que proclamó y defendió con tanto sacrificio el partido liberal durante la pasada lucha, lo constituyen, pues, los intereses materiales creados en la Revolución.

VI.—Están en peligro nuestros fueros de ciudadanos.

VII.—Está en peligro la personalidad histórica del Primer Jefe del Ejército Constitucionalista, si su obra, a pesar de las indiscutibles energías con que venció los mayores escollos para llevarla a cabo, resulta infecunda y viene a ofrecer solamente, como amargo fruto, el resultado funesto de todas nuestras revoluciones anteriores: *No permitir al país librarse de sus libertadores.*

Medios de conjurar el peligro y poner al partido liberal en condiciones de obtener una definitiva victoria política

I.—Dar al partido conservador una franca oportunidad para que figure en la contienda, dentro del amplio margen que dan nuestras leyes liberales para toda lucha política, sin que tenga que disfrazarse con la máscara de la Revolución, presentando su programa de retroceso y opresión y no como programa rentado por algún neo-conservador.

II.—Poner los medios de que cada miembro del partido liberal pueda actuar bajo su propia iniciativa, sin tener que sujetarse a los compromisos contraídos por sus directores, eliminando así a los que se han apartado del camino que marca el deber.

III.—Iniciar una nueva organización para que todos los ciudadanos de la República puedan emitir su voto sin necesidad de incorporarse a ninguno de los grupos que actualmente figuran en el escenario político y muchos de los cuales están organizados con elementos oficiales cuya independencia tiene que ser muy relativa.

Al principio anuncié que no tomaría en cuenta hombres ni nombres para estudiar la actual situación política del país, al hablar de los revolucionarios que han convertido en medro personal el triunfo del partido liberal, porque quiero dejar a ellos la tarea de dar la voz de «presente» cuando les pase lista la opinión pública, después de leer este Manifiesto.

No vengo asesorado por la ambición

Consciente de los peligros que he dejado señalados y que amagan de muerte nuestros fueros de ciudadanos, que significan los principios más caros para todos los que sabemos estimar tan honroso título, rompo los vínculos de la tranquilidad y el bienestar y abro todas mis energías y toda mi buena voluntad, ofrezco mi contingente pensando que tal vez pueda significar en estos momentos un factor de unión para todos los buenos ciudadanos, que, sin relajamientos políticos ni morales, quieran unificar su esfuerzo en defensa de los intereses nacionales.

NO VENGO ASESORADO POR LA AMBICION.
ELLA ME HABRIA ACONSEJADO LA COMPLICIDAD COMO EL CAMINO MAS CORTO PARA SATISFACERLA.

Dirección de la campaña electoral

¿Por qué no he dejado la dirección de la campaña electoral a alguno de los grupos políticos militantes que me han ofrecido su apoyo?

I.—Por tener la seguridad de que los grupos a que me refiero no deben ser considerados como partidos políticos sino como fracciones del partido liberal, y dejar la dirección en manos de esos grupos sería provocar divisiones dentro del mismo.

II.—Por estar convencido de que la interpretación más fiel que la revolución hizo del anhelo supremo del pueblo, radica en haber reconquistado con las armas en la mano los derechos violados por la usurpación, para devolverlos a todos y cada uno de los ciudadanos, a fin de que éstos pudieran desde luego, y en la forma más amplia, entrar en el pleno ejercicio de ellos; y esta reconquista que, como antes dije, debe ser considerada como fundamental, se vería entorpecida si se robustecen las tendencias de algunos de los grupos políticos militantes, de pretender el derecho de dirigir los trabajos entre los que tomaron participación en la contienda armada, únicamente.

IV.—Porque alguno de los grupos organizados ya cuenta con un buen contingente de elementos oficiales y asesorarme de ellos sería convertir mi candidatura en planta de invernadero, y de esta clase sería también la autoridad que del triunfo me resultara en tales condiciones.

¿Por qué no he permitido que la oposición lance mi candidatura, no obstante las repetidas insinuaciones que de ella he recibido?

I.—Porque no quiero incurrir en el cargo más serio que hago a los jefes que por ambición o lucros se convierten en vehículos del partido conservador.

II.—Por estar seguro de que, no obstante que entre la oposición hay un buen número de revolucionarios de buena cepa que han tenido que distanciarse de la administración por haber señalado con energía algunos actos reprobables de altos mandatarios, predominan los elementos despechados e infidentes, cuya comparsa estoy muy lejos de querer presidir.

Voy entonces a seguir un camino que no tenga los inconvenientes que dejo señalados en los dos que he desechado, rompiendo todas las fórmulas y moldes políticos usados hasta hoy; un camino nuevo, que si es el más azaroso y el que más remoto presenta el triunfo, es en cambio el único que no amengua mi moralidad política y que me colocará en condiciones de saber con más claridad cuál es el sentir general con respecto a mi candidatura.

PREFIERO UNA Y MIL VECES FRACASAR ANTES DE LLEGAR AL PODER, QUE FRACASAR DESPUES DE HABER LLEGADO, ya que en el primer caso en nada se amenguaría mi dignidad y tengo la seguridad de que un futuro no lejano me justificaría: mientras que en el segundo, mi fracaso sería definitivo y de lamentables consecuencias para la Nación.

Mis propósitos como candidato

Mis más firmes propósitos al entrar como candidato en la próxima lucha electoral son:

I.- Ofrecer mis servicios al país como acostumbro hacerlo, cada vez que veo en peligro las instituciones.

II. Quedar relevado, en caso adverso, de las responsabilidades que pudieran pesar sobre mí, si en estos momentos por egoísmo o cobardía, permaneciera con una indiferencia que resultaría criminal.

Me presento, pues, en el escenario político, para decir a la Nación desde este Manifiesto: *Acepto ser candidato a la Presidencia de la República en la próxima campaña electoral, no teniendo compromisos de ninguna índole, ni dentro ni fuera del país.*

No voy a detenerme a formular un programa lleno de espejismos que me sirviera de réclame. Estoy convencido de que el país ya no quiere programas que al fin resultan oropelescos. El pueblo quiere hechos y anhela encontrar un sucesor del actual Primer Magistrado de la Nación, quien le inspire confianza, y son mis antecedentes los únicos que deben servir de base a los que crean necesario apoyarme y a los que crean oportuno combatirme. Y esos antecedentes son la mejor garantía de que mi norma será el más absoluto respeto a la ley, de cuyas prerrogativas disfrutarán todos los habitantes de la República, cualquiera que sea su credo político o religioso.

Dos problemas capitales

Los problemas capitales como podemos muy bien llamarles, son dos: el primero de índole moral y el segundo de índole política.

Doy la preferencia al problema moral, por tener la convicción de que sin una base de moralidad no podrá resolverse ninguno.

El problema moral podrá solucionarse siempre que el sucesor del actual Primer Mandatario esté capacitado para iniciar una campaña de depuración, empezando por los miembros del ejército que han abandonado el camino del honor y llevándola a todos los demás ramos de la administración, con todos aquellos funcionarios que han creído que la Revolución llevó como finalidad única enriquecer a los que se incorporaron a ella. Esta obra resulta indispensable después de un movimiento revolucionario, en el que, muchas veces, necesidades del momento obligan a utilizar hombres poco experimentados y consideraciones por servicios prestados en campaña exigen algunas tolerancias con jefes militares u otro género de servidores.

La única forma de alcanzar éxito en la labor de que habla el párrafo anterior, es que el iniciador de ella ponga el ejemplo y que tenga toda la fuerza moral necesaria para imponerse; y estos dos indispensables factores no los dá un programa más o menos halagador: los dan únicamente los antecedentes limpios.

Para que sea factible la labor de depuración se necesita, además, que el sucesor del actual Presidente llegue al Poder sin compromisos de ninguna clase, para que así pueda tener un campo más amplio donde escoger sus colaboradores y los pueda cambiar cada vez que lo exijan las necesidades del buen servicio, sin estar obligado a elegirlos dentro de un grupo reducido.

Problema de índole político

El problema de índole político consiste en la *efectividad del Sufragio*, y su resolución favorable dejará automáticamente resueltos muchos otros de capital importancia.

Cuando con libertad absoluta puedan en todo el país ser elegidos por voto popular los mandatarios y representantes de las Cámaras Federales de los Estados, éstos deberán su posición al favor del pueblo que los elija y, consecuentes, procurarán vivir conciliados con la opinión pública, sosteniendo y defendiendo sin descanso todos y cada uno de los problemas que favorezcan a sus comitentes, llámese problema agrario, ley del Trabajo o cualquiera otro. Pero mientras una mayoría de estos mandatarios o representantes, deba su puesto al favor que le dispensan la amistad de las altas autoridades, cuidarán únicamente de cultivar esas amistades a cualquier precio, y no se resolverán más problemas que los de consigna, sin importarles en lo absoluto las necesidades de sus respectivos Estados o distritos.

Hay que vencer tres factores

Para resolver la cuestión anterior es necesario vencer tres poderosos factores de complicidad que se oponen a su realización, que son:

I.—Nuestra tradicional indiferencia para ejercitar nuestro derecho en las luchas políticas.

II.—Los intereses materiales surgidos durante el período revolucionario y durante el Constitucional presente, que necesitan buscar su defensa; consistiendo la más práctica en crear autoridades vinculadas con esos intereses, para que subordinen a ellos los de la colectividad.

III. El error tradicional en que ha venido incurriendo la mayoría de nuestros mandatarios, al creer, con más o menos sinceridad que sirven fielmente a la Nación procurando crear un sucesor a quien entregar el Poder, porque es el único capacitado para concluir la obra que ellos no pudieran terminar, por la limitación de su período. Como si la obra de un gobernante pudiera considerarse terminada alguna vez.

Problema económico

La favorable resolución de este problema que reviste un aspecto tan importante, no podrá alcanzarse a base de aumento de contribuciones, sino reduciendo las erogaciones del Presupuesto; pero esto no será practicable antes de hacer la pacificación del país. Y a su vez la pacificación demandará como condición básica, la favorable resolución de los dos problemas que antes he señalado como fundamentales. Aquí se demuestra mi aserto, de que a esos problemas de índole moral y política, están vinculados muchos otros de importancia, que siguen el resultado de aquellos.

Política internacional

Para el desarrollo de la política internacional se partirá de las siguientes bases:

A.—La inviolabilidad de nuestra soberanía como pueblo autónomo;

B. - Respeto absoluto a la soberanía e instituciones de los demás países que pueblan la tierra;

C. - Dar toda clase de facilidades al capital que quiera invertirse en nuestro país para el desarrollo y fomento de sus riquezas naturales, buscando siempre la forma más práctica y equitativa para conciliar las ventajas que puedan obtener el capital, los braceros y el F:ario;

D.—Completo reconocimiento de todos los derechos adquiridos legítimamente en nuestro país con absoluto apego a nuestras leyes, por todos los extranjeros;

E.—Velar porque todos los extranjeros residentes en México puedan disfrutar, de la manera más amplia, de todas las garantías y prerrogativas que nuestras leyes les conceden;

F.—Una franca tendencia a reforzar y establecer nuestras relaciones internacionales, dentro de las bases antes marcadas.

Todos y cada uno de los ciudadanos de la República debemos de darnos cuenta de que en la presente lucha electoral se jugarán los más caros intereses de la Nación

Hago, con este Manifiesto, un llamamiento a todos los ciudadanos que quieran cooperar conmigo a la defensa y consolidación de los principios avanzados proclamados por el partido liberal durante el último movimiento armado, y cuyas tendencias no podrán ser contenidas con el dique que los intereses materiales pretenden oponerle.

Todos, pues, debemos actuar. No debemos contribuir con nuestra criminal indiferencia a un desastre nacional. Todos debemos actuar, lo repito, consecuentemente con nuestros credos políticos. Yo no exijo que todos aplaudan y se adhieran a este Manifiesto; no, tengo un espíritu ampliamente liberal para pedir que todos piensen lo mismo. Lo que yo encarezco es que nadie se muestre indiferente y desde que lean este Manifiesto entren en acción: los adversos, a combatirlo con todas sus energías y todos sus recursos; los simpatizadores, a defenderlo y sostenerlo con todos los medios de que dispongan.

No debemos perder de vista que solamente una acción política decisiva resolverá el actual problema nacional; sin ella, quedará en pie, y las consecuencias serán desastrosas, como nos lo demuestra nuestro pasado lleno de amargas enseñanzas

Es tiempo de actuar, el momento es solemne, el futuro de nuestra patria se resolverá en la próxima contienda electoral. Quedará nuestra naciente democracia definitivamente salvada cerrando el prolongado y bochornoso período de cuartelazos, traiciones y chanchullos; o violada en la cuna, sembrada en terrenos fecundizados por el abuso y la inmoralidad, la semilla de la Revolución».

La campaña electoral quedó de hecho inaugurada, cuando al anterior manifiesto se le dió la debida publicación en toda la República; amigos y adversarios atendieron fielmente las exhortaciones de Obregón y se entabló la lucha.

Aún cuando de indiscutible transcendencia son, han sido y serán desde sus comienzos, las campañas electorales en los países en donde los gobernantes son designados por el voto directo—o indirecto—del pueblo, en México, y con especialidad en esta ocasión, la república entera sufrió una visible conmoción de todas sus capas sociales y se dispuso a tomar parte en la lucha que definitivamente marcara el sendero a seguir. No se trataba de adversarios cuya heterogeneidad bien delineada pudiera dejar lugar a dudas; por el contrario, para el vulgo, dos de los candidatos que habían surgido tenían el mismo origen y eran tan sólo ramas de un mismo tronco. ¡Error craso! uno —Alvaro Obregón—era un civil a quien un cúmulo de especiales circunstancias había llevado a empuñar las armas para defender ideales y que, despojado de su grado y retirado de la política desde hacía más de dos años, acudía al llamado de sus partidarios y aceptaba ser candidato a la Presidencia de la República; en cambio el otro,—el General de División Pablo González—que tal vez por idénticos motivos se había ceñido el sable, conservaba su grado en el ejército, disponía de armas, municiones, dinero, generales, jefes, oficiales y tropa, se vanagloriaba de poseer la confianza ilimitada del Presidente Carranza y a fuerza de leer y releer las incontables estrofas apologéticas de los bardos de su intimidad, creyó que era el hombre llamado a regir los destinos de la nación. Pero el pueblo, con esa indescriptible psicología de las grandes masas, sospechó que la espada que no había llegado a dejar el General González desde 1913, iba a ser usada como la forma más adecuada de gobierno y que los acicates de sus botas iban a desgarrar ideales, para limpiar el sendero de incómodos obstáculos que impidiesen el logro de mal disimulada ambicion, y recibió esta candidatura con frialdad desconcertante.

Los campos quedaron deslindados: IDEALES NACIONALES vs. INTERESES CREADOS. O bien: CANDIDATO POPULAR contra CANDIDATO OFICIAL. (1)

Como era natural, y siendo notoria la desigualdad de condiciones de los hasta entonces dos únicos candidatos, llovieron solicitudes de particulares, corporaciones políticas, etc, pidiendo al Presidente Carranza que retirara al General González del mando de sus numerosas tropas, para que el sable de Breno no inclinara la balanza. De entre esos documentos he escogido el presentado a la consideración presidencial por un numeroso grupo de diputados al Congreso General y que copio a continuación, para no exponer idénticos conceptos sobre el particular.

La solicitud decía:

«Señor Presidente de los Estados Unidos Mexicanos.—Presente.

Los subscritos Diputados en ejercicio, de la XXVIII Legislatura del Congreso de la Unión, con el debido respeto y con fundamento en el Art. 8.º de la Constitución General, tenemos el honor de dirigirnos a usted para exponer lo siguiente:

Que siendo público desde hace tiempo el hecho de que el C. General de División don Pablo González, Jefe del Cuerpo de Ejército del Sur, con jurisdicción en varios Estados de la República, haciendo a un lado su verdadera misión de combatir a la reacción armada y de pacificar la parte del país que le está encomendada, se dedica, aprovechando los elementos militares puestos a sus órdenes y la influencia moral de que se haya investido, a preparar su elección a la Presidencia de la República; siendo esto, en nuestro concepto, altamente inmoral e indebido, ya que este procedimiento trae un relajamiento en la disciplina militar, siembra la desmoralización en la opinión pública y desvirtúa por completo el concepto democrático de la libertad del sufragio.

Se relaja la disciplina militar, porque dedicando a los elementos del ejército a trabajos de índole política, se les aleja de su verdadera misión y se les autoriza a no cumplir con los preceptos de la Ordenanza General del Ejército; siembra la desmoralización en la opinión pública, porque crea una desigualdad material y moral entre los candidatos que se disputarán el triunfo, haciendo aparecer al que se encuentre bajo las condiciones señaladas, como candidato oficial; y desvirtúa por completo el concepto democrático de la libertad de sufragio, porque el pueblo supondrá, con mucha razón, que no se trata de una elección libre, sino de una imposición por medio de la fuerza de las armas.

Como no se escapa a la profunda penetración de usted que el militar con mando de fuerza no debe mezclarse en asuntos políticos (criterio sentado por usted en caso reciente), y compenetrados de que de no ajustar con una misma medida a todos los militares que se coloquen en iguales condiciones, daría lugar a que la opinión señalara a usted como parcial en la campaña presidencial que se inicia, e igualmente responsable de las gravísimas consecuencias que esta apariencia de protección a determinado candidato traería para la Nación. Y convencidos de que sus más grandes deseos son procurar a toda costa que los contendientes todos gocen de las garantías que les otorga la ley, sin privilegios para nadie, y que la transmisión del poder se haga en forma pacífica, a usted, señor Presidente de la República, pedimos que en atención a las razones expuestas y por las declaraciones de índole política hechas por el General de División Pablo González en distintas ocasiones, y en «El Universal» de esta fecha, sea separado del alto mando militar que actualmente tiene, a efecto de que, sin menoscabar los preceptos de la Ordenanza, pueda dedicarse libremente a la propaganda de su candidatura, que de hecho empezó desde hace tiempo.

«CONSTITUCIÓN Y REFORMAS».—México, D. F., 23 de junio de 1919.

Luis Espinosa, A. Valádez Ramírez, Candelario Garza, H. S. Rodríguez, I. Olivié, J A. Alencaster, Rafael Jiménez, G. Velázquez López, M. D. Urdanivia, Francisco

---

(1) La opinión pública señalaba insistentemente al General González como el candidato en quien Carranza se había fijado para *traspasarle* la Presidencia de la República. Hechos posteriores alteraron visiblemente, como verá el lector más adelante, los planes que con tanta anticipación había trazado el Presidente Carranza para burlar la voluntad del pueblo e imponer a su sucesor.

Araujo, César A. Lara, David Castillo, E. Segura, Herminio Cancino, N. F. Arellano, Martín Barragán, A. Amézola, J. Iturralde, T. M. Romero, C. M. Chávez, M. R. de la Torre, Jerónimo Hernández, José Castilleja, J. I. Arriaga, B. Méndez, Basilio Vadillo, Edmundo Bolio, M. G. Galindo, P. Carriedo Méndez, José de la L. Ortiz, José M. Suárez, J. Ferrel, Antonio Gutiérrez, G. Padres, D. E. Camarena, etc., etc.»

El anterior documento es de tal forma contundente, que no quiero hacer sobre él comentario alguno. (1)

A pesar de ésta y de otras mil manifestaciones de la opinión pública contra la visible parcialidad del Presidente Carranza, éste no retiró al General González de la Jefatura de Operaciones del Sur, sino hasta seis o siete meses después. La anterior medida no la tomó sino cuando su camarilla le hizo ver que era imposible que el pueblo comulgase con el «civilismo» con que se quería adornar el candidato militar citado, y le fomentaron su idea de presentar un nuevo personaje en la escena política. Es decir: optaron por el recurso del *black horse*, de que con frecuencia echan mano los políticos estadounidenses.

Mientras la candidatura de Obregón iba tomando auge inusitado y a los partidos políticos existentes que ya habían lanzado su candidatura, se les unían nuevas agrupaciones de todas partes de la república, con idéntico propósito, tal parecía que el General González buscaba tan solo enajenarse las simpatías nacionales. Primero sancionó que algunos de sus partidarios llegaran al insulto personal y a la calumnia vil; luego declaró «que como Jefe de una importante fracción del ejército, estaba dispuesto a proporcionar garantías al poder legislativo, pero que si las divisiones entre las mayorías y minorías se ahondaban poniendo en peligro a la Nación, CERRARIA LAS PUERTAS DE LA CÁMARA DE DIPUTADOS», (2) y por fin, como digno remate, lanzó un «Manifiesto a la Nación», cuya esencia se advierte con la lectura del comentario que le dedicó el periódico «EXCELSIOR», de la ciudad de México y cuyos principales párrafos voy a transcribir.

En un editorial titulado «EL MANIFIESTO DEL GENERAL GONZALEZ», el periódico aludido comentando la farsa de los simpatizadores de dicho militar, de haber formado un diz que partido político y celebrado una Convención que eligió, naturalmente al propio General González, dice:

«¡No importa! Es preferible siempre, es más decoroso, sobre todo, atenerse a este subterfugio, con visos de respeto a las instituciones escritas, que declarar a éstas baldías y entrar de lleno en la forma de caudillaje. Si en la conducta del General González y sus amigos existe una dosis de hipocresía, no seremos nosotros quienes pretendan descargarlos de ella. Por lo demás, hace mucho tiempo, mucho, que se discute menos el origen de un gobierno que su capacidad para realizar los fines que le están encomendados.

Estamos, como dice muy bien el General González, en una época de escepticismos en la que únicamente se pide al Poder Público una cosa: que nos deje tranquilos. Es decir, que ampare nuestros derechos y no nos prive de nuestras libertades. Sea su origen el que fuere.

Acudiendo ahora al verdadero objeto de estas líneas, daremos fin a las que llevamos escritas, agregando que tras la plataforma, la Convención y la designación del candidato, el señor General González ha creído su deber, si no desarrollar precisamente los números del programa que le fueron sometidos, sí exponer en un Manifiesto el criterio que orientará su política, en el caso de ser favorecido con la mayoría de los votos de sus conciudadanos —seguimos dentro de la ficción— y las miras que perseguirá su gobierno; Mani-

---

(1) No estando dentro de la finalidad de este folleto el narrar detalladamente los múltiples incidentes de diversa índole que surgieron desde la iniciación de la campaña electoral, me sujetaré a mencionar, de entre ellos, los que más puedan aclarar los efectos posteriores, sobre los cuales la opinión extranjera se encuentra tan malévolamente informada o tan incierta.

(2) «DIARIO DE DEBATES DE LA CÁMARA DE DIPUTADOS», Octubre de 1919.

Periódicos de la ciudad de México: ·EXCELSIOR· de Octubre 22, 25 y 26 de 1919, ·EL MONITOR REPUBLICANO· y ·EL UNIVERSAL· de Octubre 25 de 1919 y ·EL HERALDO DE MEXICO· de Octubre 23 de 1919, y el diario del puerto de Veracruz ·LA OPINIÓN· de Octubre 22 de 1919.

fiesto que se le ha dado a conocer por medio de la prensa, y que ha leído ya la nación... que sabe leer.

El Manifiesto es bastante extenso, y eso es ya un defecto en estos tiempos en que las palabras han corrido con excesiva abundancia; pero descargándolo de una buena parte de su innecesario bagaje, hemos de decir con franqueza, que se caracteriza por su forma moderada, su aparente deseo de llegar a una conciliación con todos los mexicanos, su ausencia de radicalismos ambientes y ciertos enunciados políticos, reveladores de nociones precisas y juiciosas acerca de la función del Poder público en un régimen de libertades. Bastaría a este propósito, una declaración, para ver este documento con buenos ojos:

«El gobierno, a mi entender, es simplemente el regulador de la vida social, que tiene como principal misión la justicia. Es un depositario de la autoridad y debe ejercerla solo para mantener el orden de la sociedad y el equilibrio entre todos los intereses que en ella se muevan, dejando a cada uno su libre acción y desarrollo, dentro de las leyes que rigen la colectividad, y sin que le sea permitido favorecer de una manera especial con la fuerza que tiene en sus manos a una sola clase o grupo, o a intereses determinados.»

¡Muy bien! ¡Muy bien! decimos nosotros. He ahí una interpretación fiel y sana de la verdadera función de gobierno en estados en los que existe la promesa de ser regidos por principios de libertad. Interpretación que nos suena tanto mejor, cuanto que en los tiempos que corremos, no solo se la ha dado al olvido sino que se la ha negado resueltamente. Todas las demás fórmulas inventadas a últimas fechas, y en virtud de las cuales se ha pretendido asignar al gobierno el carácter de mantenedor de una clase contra otras clases y de unos contra otros intereses, todas esas fórmulas, algunas de las cuales, desgraciadamente, han cristalizado en legislaciones y acuerdos gubernamentales, son sencillamente una violación del sistema que se quiere que regule la vida nacional.

Hay otro concepto en el Manifiesto, que merece ser desprendido. Dice así:

«El gobernante que tenga conciencia de su deber, que desee llenar de modo efectivo la misión que se le encomienda y que quiera guardar su prestigio personal y dejar un grato recuerdo en el corazón de sus conciudadanos, aún cuando haya sido elevado al poder por especiales esfuerzos de un partido político, debe tener en cuenta que gobierna no solo para ese partido sino para el país entero, para todos los hijos de la Patria, cualesquiera que sean sus opiniones políticas y sus creencias religiosas.»

Nosotros habíamos escrito, desde los primeros días en que apareció este periódico: «Se gobierna no para un partido, no para una *coterie*, sino para el país en masa; solamente así puede decirse que un gobierno es nacional. Y un gobierno que no es nacional, carece de la fortaleza y efectividad de un verdadero gobierno.»

El señor General González se presenta, pues, fuera de los exclusivismos y estrecheces de un grupo.... PERO, ¡AY! QUE LA SOCIEDAD, EL PAIS, GRITA A VOZ EN CUELLO QUE SI HAY ALGUNO ENCERRADO EN LAS EXIGENCIAS Y APREMIOS DE UN GRUPO *ES EL SEÑOR GENERAL GONZALEZ*. Dice más la sociedad, dice más el país: DICE QUE ESE GRUPO ESTA CONSTITUIDO POR HOMBRES DE POCA AMPLITUD DE MIRAS, EGOISTAS Y DEVORADOS POR CONCUPISCENCIAS INSONDABLES. ¡¡Esto hay que oirlo, señor General González!! Ya que el signatario llama al terreno de la discusión y de la libertad.

La opinión juzga al señor General González dispuesto a sostener a ese grupo, a redimirlo de toda culpa, A IMPONERLO A COSTA DE TODAS LAS CENSURAS DE LA OPINION. Y la opinión, que el señor General González considera, y con razón, escéptica, acogerá esta parte del Manifiesto con una sonrisa irónica, con esa sonrisa que los grandes desencantos y las grandes desesperanzas han puesto en millones de labios.....»

El Manifiesto de González resultó ser el medio más rápido y eficaz para restarse numerosos partidarios. Además, Carranza le había retirado ya su apoyo decisivo y el candidato de las microscópicas facultades vió ocultarse el sol de cobre de su popularidad y esfumarse la tan codiciada silla presidencial.

Entretanto, Obregón había enviado una instancia al Senado pidiendo a la comisión revisora de grados militares, que el suyo de General de División no se le ratificara, pues renunciaba a él. Gozando desde mayo de 1917 de licencia ilimitada, quería quedar total y definitivamente aislado del ejército. La opinión entre los senadores se dividió y mientras unos alegaban que aparte de que el Senado carecía de facultades para aceptar la renuncia, estando—como estaba—su hoja de servicios limpísima, legalmente no podía accederse a su solicitud, otros pedían que aplicando el sentido moral y lógico sí le fuere aceptada, ya que el propio interesado no deseaba que se le reconociera grado militar alguno y había expresado a Carranza desde enero de 1917, en forma precisa e inconfundible, que no quería ya pertenecer al ejército. En esa ocasión, Carranza había sostenido la tésis de que el Senado era el único capacitado para resolver sobre la renuncia de su grado y como—repito—, la opinión se había dividido sobre el particular, comenzaron las primeras maquinaciones gobiernistas y a pesar de haberse dictaminado favorablemente la petición de Obregón, el Presidente Carranza siguió, aún contra la expresa voluntad del interesado y la decisión del Senado, considerándolo COMO MILITAR. Semanas después, sin embargo, cuando ya en su calidad de candidato a la Presidencia de la República se dirigía a la ciudad de México, al desembarcar en uno de los puertos del Pacífico se le hicieron los honores que le correspondían (??) a su alto grado militar y el mismo Presidente Carranza telegrafió al Jefe de operaciones en los Estados de Jalisco y Colima haciéndole severo extrañamiento por la actitud observada para con Obregón, diciéndole que éste había dejado de pertenecer al ejército y era, por lo tanto, UN CIVIL. ¿Cabe hacer aclaración alguna? No, indiscutiblemente; pero sea este hecho el comienzo del intrincado laberinto por el que tendremos que cruzar, para ir mirando las maquinaciones tramadas en contra de Obregón y utilicémoslo como el primer capítulo de lo que justificadamente pudiera llamarse «LA ODISEA DEL OBREGONISMO».

La llegada de Obregón a la ciudad de México

La dirección de los ferrocarriles puesta en manos de un incondicional del Presidente Carranza, recurrió a distintos pretextos con objeto de retrasar la llegada del tren que

Agrupaciones políticas, sindicatos obreros y pueblo en general, esperando en las afueras de la estación la llegada de Alvaro Obregón

conducía a Obregón a la capital de la República, a fin de que la grandiosa manifestación preparada en honor del candidato no resultara lucida y numerosa; pero un grupo de sus amigos y representaciones de diversos partidos y agrupaciones políticas habían salido desde la víspera en un tren especial a encontrarlo en el camino, llegando a la ciudad de México el 24 de Noviembre de 1919.

Representantes de todos los partidos políticos que ya habían lanzado la candidatura de Obregón, agrupaciones estudiantiles, socialistas, sindicatos obreros, clubs de indígenas, labradores, etc., haciendo un total de más de 50.000 personas acudieron a

Obregón + presenciando desde uno de los balcones de su alojamiento, la grandiosa manifestación en honor suyo. 2 y 1.—Generales Plutarco Elías Calles y Francisco Serrano, Secretario y Subsecretario de Guerra y Marina, respectivamente, en el gabinete del Presidente de la Huerta. 3.—General de División Benjamin G. Hill, actual Jefe de Operaciones en el Valle de México. 4.—Dr. Cutberto Hidalgo, nombrado recientemente Subsecretario de Relaciones Exteriores. 5.—General Jesús M. Garza, ex-Jefe de Estado Mayor del General Obregón. 6.—Lic. Miguel Alessio Robles, Secretario Particular del Presidente de la Huerta. 7.—Diputado José Siurob.

darle calurosa bienvenida, acompañándole entre aplausos y exclamaciones de entusiasmo hasta el hotel en donde se hospedó. Desde uno de los balcones presenció el desfile de los manifestantes y se dirigió al pueblo en estos términos: «En mi gira de propaganda política a través de la República, he pronunciado incontables frases de agradecimiento y gratitud para mis partidarios. Al llegar a esta ciudad debo de repetir esas frases, teniendo que hacerlas extensivas a mis adversarios, ya que con sus preventivos supieron seleccionar esta grandiosa manifestación (1). Aquí vinieron sólo los ciudadanos conscientes y viriles, que no se doblegan ante los preventivos de un sátrapa, acudieron los mismos que sabrán llegar a las casillas electorales a manifestar su voluntad.

Lo que necesita la patria ya lo sabemos: es reconstrucción. Esa reconstrucción se logrará cuando el pueblo se haga gobernar por hombres elegidos realmente por él y éstos no necesiten sino la fuerza moral de la opinión pública. No es un hombre el que salva a la patria; los pueblos se salvan por medio de la evolución que los perfecciona y les permite elegir a sus mandatarios, para que con una sola finalidad se dediquen éstos a sus labores y aquéllos al trabajo que dignifica y liberta. Es lo que yo pediré si llego al poder; es lo que he venido solicitando de aldea en aldea».

El pulpo

Cual gigantesco pulpo que extiende bruscamente sus potentes tentáculos para aprisionar y dar muerte a su presa, así el Presidente Carranza lanzó por toda la nación a numerosas legiones de asalariados propagandistas, foliculados y politiquillos, para que ayudados por los gobernadores y ayuntamientos de provincias,—impuestos con anterioridad,—simularan la fundación de partidos políticos que debían de postular al Ingeniero Ignacio Bonillas, Embajador de México en los Estados Unidos de Norteamérica.

Quienes conocieron a Bonillas antes de que el gobierno hubiera resuelto utilizarlo de títere, jamás creyeron que la proposición fría y descarada que se le hizo, fuera aceptada por él. Entre todos los revolucionarios se citaba su nombre con respeto, pues siempre fueron la honradez y la rectitud su norma de conducta, de ahí que, cuando un grupo de lacayos de Carranza fué a encontrarlo a la frontera y lo interrogó si aceptaba o no su postulación para la Presidencia de la República, se tenía la certeza de que rehusaría el denigrante papel que se le había designado en la burda farsa, de cuyo epílogo es causante directo. Pero ¡¡era tan seguro el triunfo!! La máquina de la imposición que con tanta maestría había trabajado por más de 30 años durante el despotismo de Porfirio Díaz, podría ser resucitada con el «surge et ambula» que pronunciara Carranza; se sabía, además, que por muy torpes y desengrasados que tuviera sus émbolos, sobraban «PRACTICOS» para ponerla en movimiento.

Se encuentra, pues, explicación a la actitud adoptada por Bonillas aceptando ser el candidato oficial, pero jamás podrá ser disculpado. Es factible que la primera escena de la comedia se haya representado con tanto lujo de detalles, que la ilusión de óptica fuera completa... ¿Y LOS PERSONAJES? ¿ACASO NO FIGURABAN EN LA COMEDIA MIEMBROS PROMINENTES DEL GOBIERNO CARRANCISTA? ¿DE DONDE SALIAN LOS RIOS DE ORO PARA PAGAR LA PROPAGANDA? Si Bonillas se hubiera hecho a sí mismo estas preguntas, si no quería desmentir el concepto que de su sinceridad se tenía, nunca, jamás debió de permitir ser una figurilla vestida y adornada con el sugestivo traje de candidato a la Presidencia de la República, para ser movido por titeristas en una «función de gala» que empezó a los acordes de una marcha

---

(1) Se hicieron circular desde la víspera de su llegada a México, miles de avisos recordando al pueblo las atrocidades (??) cometidas por Obregón en 1914 al ocupar la capital de la República. Las atrocidades de Obregón consistieron, principalmente, en haber desenmascarado a un numeroso grupo de comerciantes extranjeros que indebidamente se habían mezclado en la política interior de México.

seudo-triunfal y terminó en una tragedia que servirá de lección y escarmiento a todos los gobernantes que traten de burlar la sagrada voluntad del pueblo.

Entre otras muchas de las razones que pudieran aducirse para justificar el desagrado con que fué recibida la postulación de Bonillas, señalaré algunas: se le desconocía totalmente en toda la nación, porque desde casi niño había marchado al extranjero a hacer sus estudios; cuando durante el gobierno pre-constitucional fué Ministro de Comunicaciones y Obras Públicas, casi siempre estuvo desempeñando diversas comisiones fuera del país, y más tarde, al ser nombrado Embajador de México cerca del gobierno de Washington, volvió a permanecer por dos o más años alejado de la república. A mayor abundamiento, el gobierno de Carranza no disimulaba en lo absoluto—como se verá en los capítulos «EL TERCERO EN DISCORDIA», «LA PROPAGANDA DEL CANDIDATO OFICIAL» y «VENUSTIANO CARRANZA DERROCÓ A VENUSTIANO CARRANZA»—que Bonillas era el candidato oficial ni que había la firme decisión de imponerlo sobre todos y contra todos; y si a esto se agrega que el pueblo veía harto sospechosa su persona en virtud de su larga y reciente estancia en los Estados Unidos como Embajador de México, se llegará a la conclusión de que el gobierno carrancista no había tenido tacto para escoger, *el caballo negro que resultara el asno blanco*. Debo de advertir, como complemento de las cualidades negativas de Bonillas, que la prensa de New York y México había publicado un certificado notarial QUE JUSTIFICABA—POR PROPIA DECLARACIÓN DEL INTERESADO—SU NACIONALIDAD YANKI!!!!!

«El tercero en discordia»

Con este título y a propósito de la aparición de la candidatura de Bonillas, el diario «EXCELSIOR» de la ciudad de México, publicó en 30 de octubre de 1919, el artículo cuyos párrafos más esenciales transcribo a continuación:

«Saltó ya a la palestra del futuro campo de Agramante electoral, el tercer candidato a la Presidencia de la República.

Se recordará que no sólo habíamos previsto esa eventualidad, sino que habíamos formulado pocos halagüeños pronósticos al respecto.

La primera parte de nuestras previsiones, nada difíciles por cierto, se ha realizado ya, en espera de que se realice también la segunda.

Nuestros informes nos dicen que se ha constituido, a la usanza nuestra, un nuevo partido que postula para ese alto puesto al señor Ingeniero Ignacio Bonillas, actual Embajador de México en Washington; que este alto funcionario está bien dispuesto a aceptar su postulación y también, eventualmente, su elección, y que sus amigos políticos, llamémosles partido si se quiere, han acordado ya seis bases del programa de su candidato. Séanos permitido, por vía de paréntesis, hacer observar que seis bases nos parecen pocas para lo que aquí se entiende por programa político, y que así fueran sesenta, pocas, a su vez, le parecerán al partido para no cumplirlas si llega a triunfar.

La composición del partido nos permitirá computar sus probabilidades de victoria y el triunfo definitivo, en el papel, de sus bases de sustentación.

Siempre, según nuestros informes, parece resultar que el nuevo partido está integrado por muchas personas, de dentro y fuera de la capital; que a sus reuniones previas HAN ASISTIDO MUCHOS FUNCIONARIOS PUBLICOS QUE NO TIENEN NINGUN GRADO EN EL EJERCITO, y que en un álbum de adhesiones a la nueva candidatura FIGURAN LAS FIRMAS DE PROMINENTES HOMBRES DEL GOBIERNO. Por último, se nos afirma, y así lo hemos hecho saber, que la propaganda, llevada a cabo desde agosto EN FORMA ESPECIAL, ha conquistado prosélitos en las más lejanas entidades COMO SONORA y Yucatán, para donde han salido AGENTES ESPECIALES. (1)

---

(1) N. del A.—Para mejor comprensión del capítulo que titulo «EL CASO SONORA», encarezco al lector note que en la fecha de este editorial, octubre 30 de 1919, YA HABIAN SALIDO AGENTES ESPECIALES para dicha región. Qué clase de «AGENTES» eran, lo que hicieron y las instrucciones que llevaban, se verá en el capítulo citado.

Con estos datos, no se necesita subir a la trípode de la Sibila de Cumas, para predecir que esta nueva candidatura es oficial, antimilitarista y muy particularmente enderezada contra Obregón y el General González.

Analicémosla bajo esos varios aspectos.

Si una vieja experiencia, el estudio de nuestra historia y el conocimiento que, a fuerza de desencantos, hemos adquirido de nuestra psicología política, no nos hubieran puesto en guardia contra las palabras de relumbrón y el vacío práctico que en este nuestro medio encierran, verdaderos buches de humo y puñados de aire, el «CIVILISMO» de la flamante candidatura nos hubiera podido seducir y deslumbrar.

Ignacio Bonillas, a quien Carranza pretendía imponer como su sucesor

Todas esas taras nos parece presentar el «civilismo» de los amigos del señor Bonillas, agravadas por el hecho de que la candidatura del recién llegado a la brega parece y sin duda está, directamente enderezada contra sus dos predecesores.

Que la candidatura del señor Bonillas sea de carácter oficial, o si se quiere, tan sólo de carácter oficioso, no nos escandalizaría más de la cuenta; pero con una condición: que el elemento oficial ofreciera suficiente unidad y bastante empuje para hacer triunfar y apoyar después a su candidato; cosa que por desgracia no acontece, toda vez que el «futurismo» ha creado en el seno del gobierno un cisma alarmante y que los caudillos militares, con o sin antifaz de civiles, se encuentran frente a frente.

Estamos, pues, amenazados, merced a esas circunstancias, o de un gobierno efímero civilista, o de otro acaso más estable, pero nada tranquilizador para el futuro de nuestra democracia diz que naciente y de nuestra seguridad exterior.

Una palabra, para concluir: NO PUEDE DARSE DESACIERTO MAYOR PARA EL PORVENIR DE UNA NUEVA CANDIDATURA, QUE HABER IDO HASTA WASHINGTON A BUSCAR SU TITULAR.

Nadie podrá evitar que una buena parte de la opinión juzgue, que no somos nosotros los que hemos ido a Washington en busca de un salvador de la Patria, sino que ha sido Washington quien ha venido a imponérnoslo.

Y no puede darse motivo de mayor impopularidad, para un partido y para un candidato».

En ningún caso pudo estar más felizmente aplicada la frase de «El tercero en discordia», que a Bonillas, ya que no sólo venía a aumentar el calor de la lucha electoral entre los partidarios de los otros dos candidatos, sino que provocaba escisiones entre los mismos elementos gobiernistas que tenían la consigna de postularlo. Y esto es explicable: toda la comparsa de la administración carrancista que se disponía a la mascarada, pedía para sí y para los suyos prebendas que llenaran sus bolsillos y los más cercanos a Carranza o los que primeramente habían ofrecido su incondicionalismo, veían en la propaganda bonillista un nuevo Pactolo que querían disfrutar en familia. Por consiguiente, la marcha del «CIVILISMO» de nuevo cuño iba como la del cangrejo; sólo en las esferas y prensa gobiernistas era donde se daba ya por un hecho el triunfo de Bonillas y se comentaba su vertiginosa e inmensa popularidad, a la vez que se le descubrían a diario nuevas e insuperables cualidades.

Y Bonillas, parodiando a César cuando se presentó al Senado romano para anunciarle su victoria sobre Farnaces, al cruzar el puente internacional exclamó: VINE, VI, VENCI. Pisó el suelo mexicano y se sintió transformado súbitamente en un nuevo apóstol, ultra-popular, genuino e indiscutible representante de los anhelos nacionales y aceptó ser candidato a la Presidencia de la República, con TODOS SUS RIESGOS Y TODAS SUS RESPONSABILIDADES (!!).

La propaganda del candidato oficial

Tengo ante mí centenares de periódicos conteniendo retratos, biografías, editoriales, etcétera, de propaganda a favor de Bonillas y que me eran enviados por la Secretaría de Relaciones Exteriores del gobierno de Carranza; pero no sabiendo cuál o cuáles elegir de entre ellos para presentar a la opinión pública, como muestra, me he resuelto a copiar algunos párrafos que sobre el particular ha escrito Vicente Blasco Ibáñez en su recientísima obra «EL MILITARISMO MEXICANO». Dejando de lado el asunto de la obra —rebosante de perversidad y la que analizaré y refutaré muy en breve—, he querido fiar a un memorista de la calidad de Blasco Ibáñez la narración de la propaganda de Bonillas, ya que, si falta a la verdad al aseverar que estuvo en México el tiempo suficiente para descubrir la psicología del pueblo mexicano, para referirnos sus impresiones sobre la forma y calidad de aquella, si le bastaron sus numerosos paseos por diversas ciudades del país y sus ligas con varios figurones de la administración carrancista.

Dice así:

«No crea por esto el lector que el candidato apoyado por Carranza y sus numerosos amigos permanecían quietos ante la propaganda hostil.

En realidad, Bonillas no podía hacer gran cosa. Se limitaba a dejarse llevar por la oportunidad de los acontecimientos y las sugestiones de su protector.

Pero el comité bonillista, compuesto de generales de don Venustiano y senadores y diputados adictos a él, trabajaba como nunca se había visto en Méjico.

Yo confieso que pocas veces he presenciado una propaganda tan enorme y bien organizada, como la que difundió el nombre de Bonillas por toda la vecina República.

Cuando llegué a Méjico, pocos días después que el candidato de don Venustiano, no pude dominar mi asombro luego de atravesar el puente internacional que da entrada a la ciudad fronteriza de Nuevo Laredo. Casas bajas de adobes; grupos de hombres con sombreros inconmensurables, anchos como paraguas, tomando el sol inmóviles y graves; calles de profundos baches, sobre los que saltaba el automóvil gimiendo su férrea angustia. Y en este decorado, igual al de hace medio siglo, de un color pardo y monótono, una gran variedad de papeles de todos los colores y tamaños, fijos en las puertas, en las paredes de barro, hasta en las carretas abandonadas en las plazas. Por todas partes el retrato de un hombre, Bonillas, el desconocido de ayer, convertido en Mesías nacional en el transcurso de pocas horas por la voluntad de otro hombre establecido allá lejos, en una ciudad de la meseta mejicana.

Este retrato ostentaba al pie las más halagüeñas promesas: *Democracia, Paz,* etc. No eran menos numerosos los manifiestos, todos altisonantes y de compacta prosa, buenos para imponer un respeto fetichista a la muchedumbre mejicana.

Luego, al penetrar en el país, fuí viendo, de estación en estación, cómo la propaganda bonillista crecía en intensidad. Iba aumentando como un acorde ascendente de orquesta, hasta llegar a la capital de Méjico, donde estallaba con un derroche loco.

Carteles de muchos metros de longitud recomendaban al pueblo en letras enormes que votasen por Bonillas. No había terreno en construcción o casa vieja que no estuviese cubierto por estos anuncios: «Bonillas representa la muerte del militarismo». «Si quiere usted que terminen las revoluciones, vote por Bonillas».

Los ojos del transeunte se fijaban en unas flechas rojas enormes que apuntaban a un punto lejano; y siguiendo esta dirección, se encontraba el nombre de Bonillas unos metros más allá. Al circular de noche por las calles de Méjico, el retrato de Bonillas, iluminado por reflectores, os sonreía desde lo alto de un balcón.

Esta propaganda obsesionante que os cortaba el paso en todas partes debió ser obra de un inteligente en la materia. Muchos decían que los amigos de Bonillas se habían traído de los Estados Unidos un técnico en propagandas electorales, muy ducho en su oficio.

A veces os detenía en la calle un manifiesto fijado en las paredes con gran profusión. El transeunte, aunque no se mezclase en las luchas políticas, se sentía atraído por la novedad del documento: «Los defectos del ingeniero Bonillas», «Lo que le falta al ingeniero Bonillas».

—Ya es hora de que alguien diga algo sobre este hombre tan alabado.

Pero desde las primeras líneas resultaba que los defectos de Bonillas eran no ser un general perturbador como los otros, sino un hombre de paz y de trabajo.

Esta propaganda costosísima y nunca vista en Méjico no podía pagarla Bonillas. La costeaba su comité; pero este comité, compuesto de personajes acostumbrados a vivir del presupuesto, era incapaz de tales sacrificios.

Total, que todos estaban convencidos de que ERA CARRANZA EL QUE PAGABA LOS GASTOS ELECTORALES CON EL DINERO DEL PAIS.

Este sistema de propaganda resultaba al mismo tiempo un medio indirecto de corrupción. Todos los grandes diarios de Méjico—aun aquellos que parecían hostiles a Bonillas—alquilaban planas enteras al comité de este último, creyendo salvar su conciencia con insertar una simple nota al pie diciendo que la plana era pagada por los bonillistas.

El resultado final era que los diarios llevaban en una parte de su texto ligeras indicaciones contra el candidato del gobierno, y en el resto de sus páginas, retratos de éste y de los suyos, con largos artículos haciendo la apología de su política.

¿Cuánto dinero costó esta propaganda?...

Los partidarios de Obregón y de Pablo González han afirmado que Carranza llevaba gastados dos millones en popularizar a su candidato, y que gastaría mucho más si resultaba conveniente.

La necesidad de este gasto es aún más difícil de probar que los méritos del candidato Bonillas.

Todas las montañas de papel impreso, los cientos de miles de retratos y los kilómetros de anuncios resultaban perfectamente inútiles».

Y hablando sobre la llegada de Bonillas a la ciudad de México agrega:

«La entrada de Bonillas en Méjico, cuando llegó de Wáshington como candidato del partido «civilista», hizo presentir a muchos la revolución que surgió un mes después.

Nunca entrada de triunfador se preparó con tanto ahinco como la del obscuro ingeniero méjico-americano convertido en representante diplomático por la revolución y luego en candidato a la presidencia.

Un tren especial cargado de admiradores—muchos de los cuales no le habían visto nunca, pero lo adoraban—salió por orden del gobierno a esperarle en la frontera.

Dos muchachos con grado de general dirigían todos los preparativos, descargando a don Venustiano de esta labor mezquina.

El general Montes (unos treinta años), fué el presidente del comité civilista encargado de recibir a Bonillas, pronunciando discursos en su nombre.

El general Barragán, jefe de Estado Mayor Presidencial, organizó la recepción en la ciudad, requisicionando todos los automóviles libres, reconcentrando a todos los funcionarios y amigos del gobierno, sin perdonar a uno sólo la falta de asistencia.

Yo he oído las protestas de algunos carrancistas de segunda categoría a propósito de esta recepción triunfal.

—Me ordenaron que llenase veinte automóviles con amigos. Firmé como que recibía veinte carruajes, y a la hora de la recepción sólo me enviaron dos. ¿Qué se han hecho los otros, que indudablemente figuran en la cuenta de gastos como pagados?...

A pesar de estos olvidos insignificantes, la recepción resultó magnífica. Un interminable desfile de automóviles se desarrolló desde la estación hasta el alojamiento del candidato Vivas a Bonillas, rugidos por la policía vestida de paisano y por todos los empleados humildes; flores arrojadas a granel por las señoritas hijas de los funcionarios; emoción general de esa gran masa innominada que tiene la costumbre de enternecerse cada vez que escucha una música y ve banderas desplegadas, sin necesidad de enterarse antes del motivo de la fiesta.

Durante la lucha electoral entre Obregón y Carranza, el señor Bonillas, causante involuntario de este duelo político, se mantuvo en segundo término, limitándose a obedecer a Montes, el presidente de su comité, el cual, a su vez, obedecía a don Venustiano.

¡Infortunado candidato! Yo le encontré muchas veces en el hotel, a la hora del almuerzo, rodeado de «entusiastas amigos» que venían a verle de las provincias por primera vez.

Aburrido Bonillas de los trabajos electorales, nuevos para él, salía por las tardes a recorrer en automóvil los alrededores de Méjico.

Primeramente asistió a varias reuniones en la capital, con un público bien amaestrado, de gentes fieles al gobierno. Luego hubo que salir a las capitales de los Estados, para contrarrestar con su presencia la propaganda de Obregón».

La gira política de Obregón

Ya hemos visto que si la candidatura de Obregón tenía desde un principio el aspecto de genuinamente popular en la nación, en cambio, en las esferas gubernamentales, se fraguaron en su contra verdaderas conjuraciones. A fines de octubre de 1919 el General de División Benjamín G. Hill escribía a un amigo suyo en Europa, a propósito de las intenciones del gobierno en relación con la citada candidatura: «Creo que nuestro triunfo será inevitable, a pesar del plan preconcebido que se viene desarrollando de arriba—por medio de todas las imposiciones y de todos los atropellos—para *desobregonizar* a la república». Y en enero del año actual el mismo General Hill volvía a escribir sobre la campaña política de Obregón: «Su gira continúa obteniendo un éxito sorprendente a pesar de la hostilidad de que están siendo víctimas sus partidarios, por parte del elemento oficial».

El plan del gobierno estuvo elaborado cuidadosamente, pero no previeron su

Obreros metalúrgicos, delegaciones de labradores y pueblo en general, aclamando a Obregón, en la ciudad de Pachuca, Estado de Hidalgo.

resultado negativo. Primero se habían impuesto en la mayor parte de la república, a los gobernadores y ayuntamientos que deberían de haber sido electos por el pueblo; luego se lanzaba la candidatura de Bonillas en la forma y manera que dejamos narrado en capítulos precedentes; más tarde se hostilizaba abiertamente a los partidarios de Obregón, a éste se le pretendía inmiscuir en un proceso por delitos imaginarios con el objeto de imposibilitarlo a continuar como candidato a la Presidencia de la República y por último, se usaba de los elementos incondicionales en el ejército—«CASO SONORA» —para ir propalando con la fuerza brutal de las bayonetas, la candidatura oficial de Bonillas.

Pero, contra todo y sobre todos, las simpatías de la nación se inclinaban abiertamente a favor de Obregón. El éxito de su propaganda era tan manifiesto, que el mismo candidato escribía a un amigo suyo a fines de enero del año en curso: «Le remito algunas de las fotografías que se han tomado durante mi gira de propaganda, la que ha sido, hasta ahora, UN EXITO MAS HALAGADOR DE LO QUE SE ESPERABA».

Excusado es decir que se apelaba a la calumnia, entre otras armas igualmente ruines, para tratar de desprestigiar a Obregón, habiéndose hecho circular la especie de que éste en su gira combatía abiertamente a la religión católica. De ahí que en un «meeting» efectuado en la ciudad de León, Estado de Guanajuato, al tratar sobre el particular el citado candidato dijera: «Impotentes nuestros enemigos para contender en el campo de la idea, incapacitados para venir hasta esta tribuna a destruir las verdades que nosotros predicamos, sin valor para venir frente a frente, vuelven a esgrimir la calumnia, tornan a la intriga y vienen anunciando de nuevo que nosotros perseguimos a la religión católica, que la combatimos. Esta es el arma que usaron ayer, lógico es que sea el arma que usen ahora. Si nosotros combatiéramos algún culto, no tendríamos el derecho de llamarnos liberales, porque para ser liberal, en toda la amplitud del concepto, se necesita, ante todo, respetar la libertad de conciencia, la libertad religiosa, la libertad política. Son los enemigos de ayer los que pregonan esas calumnias, pero por fortuna el pueblo ya los conoce y los señala. En medio de esa orgía de ambiciones que coloca ante sus ojos una venda que los incapacita para conocer la verdad, que los imposibilita para escuchar el clamor de ese mismo pueblo que reclama sus derechos, bajo la acción de esa bacanal de pasiones ruines, quieren ahora, ¡hipócritas!, declararse los defensores de una religión que no pueden comprender, porque no hay dogma que no tenga como base la moral y ellos solo conocen la inmoralidad».

Ante el empuje avasallador del obregonismo que inundaba la república en toda su vasta extensión, dos o tres gobernadorzuelos de provincias, de los que más se habían distinguido por su servilismo con Carranza y que habían llegado al poder por medio de fraudes electorales, convocaron a todos sus colegas en la propia ciudad de México a una junta secreta.

Los principales diarios de la nación interpelaron a los organizadores de este Cónclave sobre su finalidad y obtuvieron como única respuesta que *Los acuerdos que se tomaran en las juntas serían de verdadera trascendencia y los que al ser conocidos por el público llenarían de satisfacción a los verdaderos demócratas*. A respuesta tan ambigua debe de agregarse el hecho de que, la entrada al recinto en donde deberían de reunirse los gobernadores, QUEDO PROHIBIDA HASTA A LOS PERIODISTAS; que aquellos comían alimentos servidos por la cocina del Palacio Nacional y que los ujieres de este edificio, en unión de parejas de guardias del bosque (1), impedían el paso por los alrededores del edificio (2). De los 28 gobernadores de los Estados concurrieron al conciliábulo 17, dos protestaron abiertamente en contra de la confabulación negándose a

---

(1) Los gobernadores se reunían en el edificio del «Automóvil Club», situado en el Bosque de Chapultepec.
(2) «EL MONITOR REPUBLICANO», «EL HERALDO DE MEXICO», «EXCELSIOR» y «EL UNIVERSAL», de la ciudad de México, de febrero 7, 8 y 11 de 1920.

asistir—Pascual Ortiz Rubio y Enrique Estrada, Gobernadores de los Estados de Michoacán y Zacatecas, respectivamente,—y el resto guardó silencio.

El Presidente del «*Partido Liberal Constitucionalista*» al ser entrevistado por un repórter de «EL HERALDO DE MEXICO», sobre la famosa junta de Gobernadores, decía:

«Es algo inaudito que nadie ha comentado favorablemente.

El hecho de que tres de los signatarios sean gobernadores de imposición, no es para inspirar confianza ni a los más candorosos.

Ya usted sabe que el gerente de «El Universal» se dirigió telegráficamente al Gobernador del Estado de Guanajato, preguntándole si en las deliberaciones de los señores Gobernadores iban a tener acceso los representantes de la prensa independiente y de los diversos partidos políticos; esto es, si las deliberaciones iban a ser actos públicos o si iban a revestir la forma de un conciliábulo.

Sólo una respuesta categórica, rotundamente afirmativa, en relación con el primer extremo de la disyuntiva anterior, habría tranquilizado a la opinión. Pero como ella fué reticente y ambigua, no solo ha quedado en pie la desconfianza general, sino que se ha creado un motivo más para creer que se trata únicamente de ORGANIZAR LA IMPOSICION OFICIAL, para defraudar el voto de la nación entera en las próximas elecciones presidenciales.

Claro es que estos turbios procedimientos enaltecen inconmensurablemente la actitud gallarda de esos gobernantes,—rara avis—que, como el general Enrique Estrada y el ingeniero Ortiz Rubio, han dado un toque de alerta que parece un toque de alarma.

Con una media docena de patriotas, como Estrada y Ortiz Rubio, la nación se habrá salvado y la paz pública, asegurada tal vez para siempre.

Debemos confiar en que será imitado el noble ejemplo de los mandatarios de Zacatecas y Michoacán».

El Diputado y General José Siurob comentaba:

«Creo que la junta de Gobernadores es una de tantas maniobras imposicionistas, cuyo primer objeto es, desde luego, definir la conducta que observarán los mencionados funcionarios y saber con quiénes cuenta el Gobierno para llevar adelante su labor contra la libertad electoral.

Si fuera de buena fe, sería una junta inútil, puesto que cualquiera de esos funcionarios públicos no necesita ponerse de acuerdo con los demás para cumplir con las leyes y para guardar el orden en su Estado.

Indica un destanteo político por parte del Gobierno, ya que éste manifiesta que no tiene seguridad de ser apoyado en sus designios, fuera de las instituciones y de los principios democráticos.

Será quizá el comienzo de una serie de maniobras contra los gobernantes que se porten dignamente y muestra de que a pesar de la opinión pública, el Poder no está dispuesto a ceder ante el clamor de toda la Nación, que ya sólo pide de este régimen la libertad de sustituir las actuales personalidades, por otras honradas y con mayor capacidad para regir sus destinos.

De todos modos será un fracaso, pues aun para los fines imposicionistas no necesitan reunirse los interesados, basta obedecer la consigna y tener como ayudante a un jefe de armas, de los que hoy abundan, para que la candidatura civilista (?) llegue serenamente a la meta de la impopularidad.

El pueblo debe tomar nota de estas medidas absurdas, pero, a pesar de ello, sobrado elocuentes».

El General Héctor López decía sobre el mismo asunto:

«El proceder de los señores Generales Pascual Ortiz Rubio y Enrique Estrada, Gobernadores de los Estados de Michoacán y Zacatecas, respectivamente, ha sido muy bien aceptado por el elemento revolucionario de la República.

Por esto se ve con suma satisfacción, que todavía tenemos hombres a quienes las alturas del poder no los ha hecho perder de vista las huellas sangrientas, que ha dejado el intento de evolucionar de nuestro pueblo.

Esta gallarda actitud de estos altos funcionarios es digna de ejemplo, y de seguirse por sus colegas, la Patria se ha salvado».

El Diputado Barrera declaraba:

«La actitud de los Gobernadores de Michoacán y Zacatecas es eminentemente democrática, pues ella es la orientación más pura del respeto que se debe a la soberanía popular: yo anhelo que las juntas de los señores Gobernadores sean públicas, para que las colectividades se den perfecta cuenta de los propósitos, tesis, doctrinas y resoluciones que se sostengan; de otro modo, laborar entre sombras, ser trabajadores de las tinieblas, sintetizará una conducta sospechosa».

El Diputado Altamirano se expresó así:

«Considero que es plausible la actitud de los Gobernadores de Michoacán y Zacatecas, cuyo gesto de virilidad ha despertado justas simpatías entre los hombres libres.

¿A qué acuerdo pueden llegar los Gobernadores para garantizar la transmisión pacífica del poder? El acuerdo supremo a que pueden llegar es el respeto efectivo de la voluntad popular y el acatamiento de nuestras leyes.

Creo que los señores Gobernadores podrán prescindir de celebrar juntas, si se hicieran el firme propósito de cumplir con sus obligaciones como mandatarios del pueblo. Los señores Ortiz Rubio y Enrique Estrada indudablemente que no necesitan concurrir a ninguna junta, para respetar la voluntad popular y acatar la ley.

Además, ¿quiénes son los que convocan a dichas juntas? Los prototipos de la imposición: Federico Montes, Severino Martínez y Salvador Argain, quienes después de haber asaltado el poder quieren ahora coadyuvar con el Ejecutivo al supremo fraude, imponiendo un candidato presidencial desconocido del pueblo mexicano. Sin duda estos señores Gobernadores, impuestos de la manera más desvergonzada y brutal, propondrán a sus colegas los mismos medios por los cuales llegaron ellos al poder. Y entonces tendremos oportunidad de ver la gallarda actitud de los Gobernadores que no estén dispuestos a doblegarse a la consigna, y su voz de protesta será una esperanza más para la Patria, porque los ciudadanos verán que a pesar de la dictadura, todavía hay hombres de honor».

Por lo que se ve, la opinión pública unánimemente se mostraba adversa a la junta de Gobernadores, afirmándose la creencia de que sólo era un pretexto para organizar la imposición del candidato oficial en las diversas entidades de su mando. Sólo los *«leaders»* del gonzalismo se negaban a opinar sobre el particular, pensando, ¡oh almas candorosas!, que su candidato pudiera contar con las simpatías de los reunidos y acordaran apoyarlo.

Después de varios días de reunirse los conjurados, llegaron a la conclusión de que «el deber de garantizar la efectividad del sufragio correspondía directamente a los gobiernos y a los municipios, por ser los que tienen que llevar a cabo ACTOS CONCRETOS DE PREPARACION (??) PARA LAS ELECCIONES Y LOS ENCARGADOS DE VIGILAR ESTAS EN EL MOMENTO DE EFECTUARSE !!!!!!!»; lanzando un manifiesto—previamente sometido a la aprobación de Carranza—en donde se destacaban las consabidas frases de *«el sacrificio por la Patria»*, *«el respeto al sagrado derecho del pueblo»*, etc. Es decir: fué el parto de los montes, y Bonillas, el *«ridiculus mus»* de que nos habla Horacio.

Como digno remate, el Cónclave de los gobernadores finalizó con un banquete en honor del Presidente Carranza (1).

Obregón continuaba—en medio de la más absurda e increíble hostilidad por parte del elemento oficial,—su triunfal gira política por la república y desde los balcones de su alojamiento decía al pueblo de la ciudad de Saltillo, Estado de Coahuila: «Nosotros no traemos el salvo-conducto de la impunidad, porque no nos apoyamos en la fuerza bruta para combatir a nuestros enemigos. NOSOTROS NO PREDICAMOS LA SEDICION. NOSOTROS CONDENAMOS UNA NUEVA REVOLUCION, ya que traemos en nuestros cuerpos las huellas de los estragos del último movimiento armado. NOSOTROS NO PODEMOS PREDICAR LA REVOLUCION, porque la revolución no fué para nosotros una fuente de inmoral especulación, sino que queremos que se recojan sus frutos legítimos, entre los que debe figurar, preferentemente, la efectividad del sufragio.

---

(1) «Los señores gobernadores darán el día de hoy una comida al señor Presidente Carranza en el Parque Lira de la vecina población de Tacubaya, al medio día, habiendo sido invitados los señores Secretarios de Estado, Gobernador del Distrito, Presidente de la Suprema Corte de Justicia, Rector de la Universidad Nacional y algunos altos funcionarios públicos. La cita para el banquete son las dos de la tarde». («EL HERALDO DE MEXICO», febrero 11 de 1920).

Ambicionamos que el pueblo conquiste en forma definitiva su emancipación política y que se liberte para siempre de las tutelas oficiales, que a la hora de las elecciones se tornan en farsas sangrientas» (1). Y mientras tales conceptos emitía en la lejana ciudad del norte, en la capital de la república se fraguaba por un juez improvisado y venal, un proceso en su contra POR COMPLICIDAD CON LOS REBELDES !!!!!!.

Respondiendo a un plan premeditado, se redoblaron las calumnias y las hostilidades en contra de los más connotados simpatizadores de Obregón, al grado de haber orillado a éste a dirigir al Presidente Carranza el siguiente mensaje:

«Acabo de saber que han sido aprehendidos en esa capital y recluídos en Santiago, los generales Cipriano Jaimes, Manuel V. Romo y coronel José López Zuazua. Me permito reclamar con todo respeto un espíritu de mayor equidad para mis partidarios, pues mientras se da toda clase de facilidades a los militares que muestran su disposición de incorporarse a la camarilla que constituye el llamado civilismo, entre los que figuran altos Jefes del Ejército, como el señor general Cándido Aguilar, hijo político de usted, se persigue y se hostiliza a los Jefes del Ejército que en cualquiera forma demuestran simpatías hacia mi candidatura. Estos casos que se repiten continuamente, revelan una marcada hostilidad hacia mi candidatura y pugnan con los principios democráticos proclamados por la revolución que usted presidió y que nosotros secundamos porque creímos, y seguimos creyendo, que deben cumplirse».

Al anterior telegrama contestó Carranza con otro tan extenso como hipócrita y amenazador, ya que en él llegó a decir que «si el gobierno no había aplicado todo el rigor de la ley, era solamente porque esperaba todavía que Obregón y sus correligionarios reflexionaran, y apreciando en su verdadero valor la serenidad y prudencia (??) con que él—Carranza—había procedido, correspondieran con una conducta de mayor cordura a la benevolencia y lenidad con que habían sido tratados» (2) Mayor cinismo y maldad no puede concebirse en un jefe de gobierno y es inútil que se pretenda con necios o cobardes eufemismos, encontrar alguna atenuante para la conducta de Carranza con Obregón y sus partidarios. ¿Eran «benevolencia y lenidad» las que se habían utilizado en contra de diputados, generales, jefes, oficiales, obreros, estudiantes, etc., al reducirlos a prisión el día de la llegada de Bonillas a la ciudad de México? Y si con este acto de reconocida marca dictatorial, Carranza mostraba «su serenidad y prudencia» ¿qué podría esperar la nación cuando se decidiera a usar de «todo el rigor de la ley»?

Para reforzar los contundentes argumentos del Presidente Carranza, desde hacía algunos días que la prensa de la república lanzaba cautelosamente la especie de que Adolfo de la Huerta, Gobernador Constitucional del Estado de Sonora,—electo por abrumadora mayoría de votos directos del pueblo,—había sido depuesto de su cargo por medio de un golpe militar, asestado «democráticamente» por un General de División, acérrimo partidario del Jefe del Poder Ejecutivo de la Nación.

El «Caso Sonora»

Habiendo ya tomado ciertos visos de verosimilitud los rumores sobre el envío de gruesos contingentes militares al Estado de Sonora, con el objeto de sustituir al gobierno civil por un gobierno militar, y encontrándose alarmada la opinión pública en general por tal noticia, la prensa gobiernista se encargó de publicar un mensaje dirigido por el Presidente Carranza a Adolfo de la Huerta, Gobernador Constitucional de dicha entidad. El mensaje en cuestión decía, entre otras cosas: «Me extraña sobre manera que tanto el gobierno, como el pueblo de ese Estado, hayan dado crédito a noticias propaladas por la prensa amarilla de los Estados Unidos, sobre que el Ejecutivo Federal trate de

---

(1) «EL MONITOR REPUBLICANO», «EL HERALDO DE MEXICO», «EL UNIVERSAL», «EXCELSIOR», «EL DEMOCRATA» y «EL LIBERAL», diarios de la ciudad de México de Marzo 27 de 1920.

(2) «EL HERALDO DE MEXICO», marzo 6 de 1920.

sustituir el gobierno constitucional de esa propia entidad por un gobierno militar, ya que NO HAY MOTIVO ALGUNO QUE JUSTIFIQUE ESTE PROCEDIMIENTO; debiendo usted, por lo tanto, desmentir tal especie que es completamente infundada. Respecto al movimiento de fuerzas a ese Estado, como a cualquier otro de la República, manifiesto a usted que no implica en manera alguna que el gobierno federal atente contra la soberanía de las entidades federativas, pues obedecería, bien A NECESIDADES DE LA CAMPAÑA O A CIRCUNSTANCIAS QUE A JUICIO DE ESTE GOBIERNO ASI LO REQUIERAN, siendo medidas de orden general en nuestro país» (1).

Más no era tan solo la prensa de los Estados Unidos la que propalaba la especie de que el gobierno civil de de la Huerta iba a ser reemplazado por otro de carácter militar, sino que las circulares enviadas a los Alcaldes Municipales del Estado de Sonora por el General de División Manuel M. Diéguez, encargado por Carranza de la movilización de tropas hacia dicha región, la afirmaba, puntualizándola, en forma que no dejaba lugar a duda alguna. Y esto, a pesar de que Carranza declaraba «QUE NO HABIA MOTIVO ALGUNO QUE JUSTIFICARA TAL PROCEDIMIENTO».

Tocante al envío de tropas, era ilógico y pueril afirmar «QUE OBEDECIERA A NECESIDADES DE CAMPAÑA», cuando que hacía más de dos años que todo el Estado de Sonora se hallaba pacificado. ¿Por qué, pues, no se aprovechaban esos numerosos contingentes en la persecución y aniquilamiento de Villa, Peláez, Higinio Aguilar, Félix Díaz y los demás jefes rebeldes al gobierno de Carranza? La explicación es clara e irrefutable: PORQUE LA IMPOSICION DEL CANDIDATO «CIVILISTA» TENIA QUE LLEVARSE A CABO POR MEDIO DE LA FUERZA BRUTA DE LAS BAYONETAS, Y EL ESTADO DE SONORA, CUNA DE OBREGON, ERA EL SITIO ELEGIDO PARA DAR COMIENZO A ELLA.

El propio General Diéguez había declarado (2) que: «tal movilización no podía traer graves consecuencias ni perturbar el orden, sino que por el contrario, sería una garantía para que los ciudadanos ejercitaran libremente sus derechos cívicos» !!!!!!!! No pudiendo ocultar por más tiempo el gobierno sus siniestros designios sobre la imposición de Bonillas, se arrancaba el antifaz y retaba al pueblo a una lucha que, aparentemente, tenía ganada ya con antelación.

El Gobernador de la Huerta, al contestar al mensaje de Carranza a que aludo en párrafos anteriores, le decía: (3)

«Anoche recibí contestación a mi conferencia del 31 del pasado. Desde luego permítome observar, que en mi mensaje anterior indiqué que yo me he resistido a dar crédito a las versiones de la prensa a que me he referido, por considerar absolutamente descabellados los procedimientos que se anuncian en ellas. Si sobre este particular me he dirigido a usted, no es porque el Gobierno de mi cargo se haga solidario de la alarma reinante, sino porque creo de mi deber poner en el superior conocimiento de usted la situación y condiciones prácticas existentes, velar por la tranquilidad del pueblo de Sonora y por la marcha normal de los asuntos de este Estado, evitando que circunstancias reales o supuestas ocasionen graves trastornos

Voy a permitirme en esta vez dar a usted algunos otros pormenores, a fin de que con su experiencia y conocimiento de la cosa pública, pueda apreciar mejor la situación verdadera. Por más que se empeña este Gobierno en desvanecer especies equivocadas, le es muy difícil lograrlo con simples declaraciones o protestas. Es necesario oponer a las noticias de la prensa e informes privados que han estado llegando a esta Capital, hechos que destruyan las afirmaciones alarmantes a que se refieren, las cuales se hacen en el sentido de que se pretende controlar militarmente y en lo absoluto este Estado; asegurándose que tal determinación obedece a fines electorales, contrarios a nuestros principios democráticos, a tan dura costa conquistados recientemente por el pueblo. La dificultad se origina, principalmente, por la coincidencia de que tales informes o versiones

---

(1) Diarios de la ciudad de México, «EL DEMOCRATA» y «EL LIBERAL» de abril 4 de 1920.
(2) «EL DEMOCRATA», 10 de abril de 1920.
(3) Telegrama oficial del Gobernador de la Huerta, de abril 4 de 1920.

han precedido o seguido a hechos que en otras condiciones carecerían de significación, aun para la gente más preocupada, pero que en estos momentos dan margen a interpretaciones y comentarios que, cuando menos, aparentemente, prestan apoyo a la imaginación real de nuestro país, ya porque así interese a sus negocios, ya por cualquiera otra cosa.

Se ha observado igualmente que «El Demócra», periódico que se conceptúa como órgano oficial, en sus editoriales recientes abierta y francamente sustenta la tesis «DE QUE ESTA JUSTIFICADO EL ENVIO DE TROPAS A ESTA REGION CON EL FIN DE DEPONER AL ACTUAL GOBERNADOR DE SONORA, POR SUPONERLO OBREGONISTA, PARA SUSTITUIRLO CON OTRO CUYA POLITICA SATISFAGA LAS TENDENCIAS DEL GOBIERNO DE LA UNION». Estos antecedentes, unidos a diversos comentarios habidos con motivo de la retirada de la artillería, a la orden del envío de todo el armamento sobrante; al acuerdo terminante de remitir todas las ametralladoras que existían en el Estado y a la orden girada a la autoridad militar en el sentido DE VIGILAR Y CONTROLAR LA CAMPAÑA POLITICA —circunstancias que son bien conocidas por el pueblo, porque en los lugares pequeños pocos son los asuntos que pueden permanecer reservados,—hacen difícil que encuentre eco la voz del Gobierno pretendiendo destruir o anular las suposiciones consiguientes, pues sería preciso que pudiera explicar las razones de peso que en cada caso han originado tales disposiciones y debo confesar que el Gobierno mismo de este Estado, desconoce los antecedentes que hayan motivado los acuerdos respectivos.

Mis explicaciones, si no van respaldadas por razonamientos enteramente convincentes y por hechos indiscutibles, serán poco eficaces, con tanta más razón cuanto que se me juzga demasiado optimista y demasiado confiado en el Gobierno del Centro. Creo que ante todas estas circunstancias, que he querido que usted conozca, ya no le causará extrañeza la situación que a grandes rasgos apunté en mi anterior telegrama y no se conceptuará ligera la apreciación que hice de ella. Una vez que logren salvarse las aprensiones que transitoriamente existen, claro está que no habrá inconveniente en cualquiera movilización que se haga, pero mientras tanto, juzgo peligrosa para la marcha de los negocios, para el fomento de las actividades en este Estado y para la tranquilidad del mismo, cualquiera determinación que pueda aumentar la inquietud existente.

Respecto de mis temores de que los yaquis pudieran nuevamente rebelarse con la presencia del General Diéguez, como Jefe de Operaciones en esta región, debo manifestar que no se trata de meras apreciaciones personales mías, sino de los mismos indios, quienes me han comunicado que la presencia del citado militar no les daría garantías, pues están bajo la impresión de que cuando iniciaron en 1915 los tratados de paz con dicho General, notaron en él una hostilidad muy marcada que fué, lo que según ellos, determinó el rompimiento en aquella época. Con razón o sin ella, existe de parte de los yaquis este resentimiento y como he dicho que no se trata de una apreciación mía, sino de ellos, el General Diéguez conoce perfectamente su situación con respecto a la tribu, y vuelvo a suplicarle consulte con él este punto para mayor aclaración.

De acuerdo con sus deseos violentaré mi viaje para hablar ampliamente con usted, pero antes le suplico muy respetuosamente a nombre del pueblo de Sonora y de su tranquilidad, suspenda el envío de fuerzas a este Estado, en donde no se necesitan en estos momentos, toda vez que aquí no hay campaña y se trastornaría fácilmente la paz; siendo suficiente la fuerza que actualmente guarnece las ciudades y los campos, para el efecto de conservar la tranquilidad existente. No dudo que tendrá usted confianza en mis aseveraciones y se servirá contestarme si suspende, como lo espero, la orden de movilización, para comunicarlo así al pueblo de este Estado».

La Diputación local de Sonora, en vista de las anteriores circunstancias, y obrando con estricto apego al compromiso que contrajeron todos y cada uno de sus miembros aceptando tan altos puestos de elección popular, dirigieron al Presidente Carranza el siguiente telegrama: (1)

«Hermosillo, Sonora, el 7 de abril de 1920.—Presidente de la República.—México. Por telegrama circular que el General Diéguez dirige desde Guadalajara con fecha tres del actual a todos los Presidentes Municipales del Estado, ha quedado confirmado oficialmente que el Ejecutivo de su cargo ordenó la movilización de algunas tropas hacia esta Entidad Federativa, designando al expresado General como Jefe de Operaciones Militares. Usted afirma que esa movilización obedece a necesidades de la campaña y a circunstancias especiales que a juicio de ese Gobierno así lo ameritan. Es público y no-

---

(1) Diario Oficial del Estado de Sonora, de abril 6 de 1920.

torio que en Sonora NO EXISTE CAMPAÑA MILITAR ALGUNA, pues hoy, más que nunca, EL ESTADO GOZA DE COMPLETA PAZ Y TRANQUILIDAD. En cuanto a las circunstancias especiales que usted indica, de la nota telegráfica que con fecha cuatro del actual dirigió usted al C. Gobernador del Estado, se desprende de una manera incontrovertible que dichas circunstancias no pueden ser otras, que EL PROPOSITO DELIBERADO, imperante en las esferas oficiales de la Federación, DE REALIZAR IMPUNEMENTE UNA BURLA SANGRIENTA AL VOTO POPULAR CON MOTIVO DE LAS PROXIMAS ELECCIONES PARA PRESIDENTE DE LA REPUBLICA. En tal virtud y dadas las circunstancias especiales del caso, el Congreso del Estado en sesión de hoy ha tenido a bien acordar, por unanimidad de votos, se manifieste a usted de manera atenta, pero categórica, que el pueblo de Sonora encuentra en la referida movilización un ataque inmediato y directo a su soberanía; y que si el Ejecutivo de su cargo insiste en dicha movilización, será usted el único responsable de todas las consecuencias, puesto que los sonorenses nos concretaremos a cumplir nuestro deber con dignidad. Protestamos a usted las seguridades de nuestra distinguida consideración. Hermosillo, 6 de abril de 1920.—Presidente, Gilberto Valenzuela.—Vicepresidente, Luis F. Chávez.—Secretario, J. Bustamante.—Secretario, Emiliano Corella.—N Leoncio.—I. Ortiz.—Ignacio G. Soto.—Felisardo Frías.—Alejo Day.—C. López.—Alfonso Almada».

Tanto al telegrama de de la Huerta en donde lucía con gesto de honrosa virilidad, la protesta atenta, pero enérgica, del gobernante que siente ultrajados los inalienables derechos de sus gobernados, como al de la Diputación local de Sonora, en donde los genuinos representantes del pueblo sonorense declaraban que se atacaba directamente la soberanía del Estado y afirmaban que sabrían cumplir dignamente con su deber, el Presidente Carranza contestó con un mensaje cuyos párrafos más salientes reproduzco a continuación: (1)

«A los señores Diputados de la Legislatura del Estado de Sonora.—Hermosillo.—He recibido el telegrama de esa Legislatura, de fecha 7 de abril, en el cual, después de exponer a juicio de ustedes las condiciones de Sonora y las necesidades militares del Estado y lo que ustedes creen ser los propósitos del Ejecutivo de la Unión, concluyen por manifestar de una manera categórica que el pueblo de Sonora encuentra, en la movilización de fuerzas mandada efectuar por el Ejecutivo, un ataque inmediato y directo a su soberanía y que si el Ejecutivo insiste en dicha movilización, seré yo el único responsable de las consecuencias. Si se refieren ustedes a las consecuencias naturales que dentro de la ley pueda tener el movimiento de fuerzas que he ordenado, no tengo ningún inconveniente en aceptar por entero la responsabilidad de actos ejecutados en virtud de órdenes mías. Ignoro qué clase de consecuencias sean las que temen ustedes y la clase de medidas a que puedan acudir las autoridades de Sonora, que no sean las estrictamente legales.

De la actitud que ahora asume la Legislatura de Sonora, a la pretensión de UNA INDEPENDENCIA ABSOLUTA, no hay más que un paso. El Ejecutivo de la Unión considera de su deber afirmar el principio de cohesión federal y de la unidad nacional, evitando que ocurran casos como los de otros Estados, cuando a pretexto de desacuerdo con las disposiciones políticas o militares del Centro, se ha pretendido reasumir una soberanía absoluta, siendo este caso más peligroso y delicado aún, por tratarse de un Estado fronterizo y falto de comunicaciones ferrocarrileras con el Centro de la República. Queda, pues, a cada cual la responsabilidad de sus actos concretos: a ustedes, como gobernantes de un Estado, la de desconocer la autoridad del Centro y relajar los vínculos federales, por motivo de personalismos y de susceptibilidades provincialistas Y a mí, como Presidente de los Estados Unidos Mexicanos, la que pudiera corresponderme por aceptar los riesgos de un conflicto local, sosteniendo la unidad del Gobierno Federal dentro de las facultades que me da la Constitución.—V. CARRANZA».

Descartada, pues, por el propio Carranza en su primer mensaje a de la Huerta, la razón que pudiera justificar el nombramiento de un gobernador militar que sustituyera al gobernador civil; imposibilitado de poder comprobar plenamente que la movilización obedecía a necesidades de campaña; desconcertado ante el cargo que la Diputación local de Sonora le hacía de «querer realizar impunemente una burla sangrienta al voto popular con motivo de las elecciones para Presidente de la República», el gobierno carrancista apeló a un medio extremo: DECLARAR QUE LA AIRADA PROTESTA

---
(1) Telegrama oficial del Presidente Carranza, de abril 9 de 1920.

DEL PUEBLO SONORENSE, ERA UN PRETEXTO PARA BUSCAR SU INDEPENDENCIA !!!!!!!!

Esta procaz y afrentosa calumnia, ni siquiera tuvo eco entre los adversarios políticos de la revolución que se encontraban refugiados en el extranjero. Uno de ellos (1) prominente en la política mexicana en los últimos años anteriores al establecimiento del gobierno de Carranza, escribía en el diario «El Pueblo Vasco» de 18 de abril de 1920, que se edita en Bilbao:

«Así es como en los últimos días se han prodigado noticias relativas al separatismo armado que intenta el Estado Sonora, noticia que más parece revelar el programa de un imperialismo despierto y activo a las puertas de Méjico, que una realidad comprobada. En efecto, por muy grandes que sean, como son, las desgracias mejicanas y muy efectivos los trastornos crónicos de aquel país, hay que poner cuarentena a la tan exacta realización de programas, que repetirían las maniobras bien conocidas de la anexión de aquella República de Texas realizada antes de mediar el siglo pasado.

Sonora, siempre fué uno de los núcleos más firmes y resistentes de nuestra unidad nacional y precisamente porque es fronteriza y porque a través de la raya ve tierras que fueron nuestras, aquella región dió de hombres patriotas y enérgicos que no pueden haber degenerado hasta perder el espíritu nacional.

No negamos ni con mucho que a las desgracias nacionales que venimos sufriendo desde hace cerca de una década, se haya sumado algún incidente más y que la proximidad de las elecciones generales y el propósito de imponer un candidato presidencial o de hacerse otro respetar, no hayan empezado a dar sus amargos frutos; pero de eso a afirmar, como se afirma, que está amenazado el país de separatismo destructor de la unidad nacional, hay una distancia inmensa y LOS MEJICANOS DE TODOS LOS MATICES POLITICOS DEBEMOS RECHAZAR COMO CALUMNIOSA SEMEJANTE SUPOSICION.

Nuestro régimen federal puede ver repetirse, sobre todo en nuestras dolorosas circunstancias, pugnas entre poderes federal y federado, podrá algún Estado pretender reasumir su soberanía por considerar espúreos los poderes centrales, o por abusos de éstos; pero eso es muy distinto a lo que significaría preparar el camino a la realización de planes que los mejicanos conocemos de memoria, pues semejante preparación no tendría otro nombre que el de traición a la patria.

Con tales antecedentes tenemos el derecho de pedir, como yo pido, a la opinión española, que no dé oídos a esas noticias, a lo menos en cuanto aseguran que los Estados de la República Mejicana están dispuestos a allanar el camino de la invasión, por medio de la traición».

Y mientras de dentro y de fuera del país, los mexicanos de todos los matices políticos excitaban a Carranza, por diversos medios, a reconsiderar su actitud para evitar una nueva revolución y un numeroso grupo de Senadores y Diputados al Congreso de la Unión apoyaba a conspicuos miembros de varios partidos políticos para mediar en el conflicto, la prensa gobiernista publicaba una interminable serie de artículos y editoriales, cuyos títulos hablan elocuentemente. He aquí algunos de ellos: «Alarma en el feudo que el obregonismo tiene asentado en Sonora», «El Presidente de la República declara que el Estado de Sonora ha desconocido la autoridad de la Federación. Si el Ejecutivo de la Unión no tuviera ya motivos suficientes para creer necesaria la presencia de tropas en Sonora, la actitud del gobierno local bastaría para darle la razón», «La presencia de las fuerzas militares va a hacer abortar los planes de las autoridades sonorenses o, cuando menos, a precipitar los acontecimientos», «La actitud de la Legislatura de Sonora debe interpretarse como rebeldía», «El Presidente Carranza recoge el guante y afronta sus altas responsabilidades», «El Gobierno frente a la traición», «El obregonismo ha iniciado la revolución en Sonora», «Los rebeldes de Sonora pretenden provocar grave conflicto», «La corriente unánime de la opinión pública ante el separatismo de las autoridades sonorenses», «Se trató en Consejo de Ministros de la suspensión de garantías constitucionales en Sonora. Es inexacto que se haya acordado la forma de

---

(2) Rodolfo Reyes.

solucionar el conflicto», «Tropas separatistas han sido derrotadas en Sinaloa», «Sonora, República libre», «Todo está listo para reprimir con mano de hierro el separatismo en Sonora», «Al primer intento, caerá un ejército sobre los traidores», «Los Estados Unidos consideran la rebelión de Sonora de carácter bolchevique», «El gobierno no admite ninguna transacción», etc., etc.

Con los artículos y editoriales en cuestión, se iba, desde achacar a la impaciencia de Obregón por llegar cuanto antes a la Presidencia, la protesta del pueblo de Sonora, hasta la anexión de dicha entidad a los Estados Unidos, pasando por una explosión de «bolchevismo» y un separatismo agudo. Se recorría en la prensa venal todo el diapasón del escándalo y se agotaba el repertorio de frases patrioteras, para tratar de divagar a la opinión pública sobre el verdadero origen y finalidad del movimiento de protesta, a la vez que se pretendía reclutar adeptos al gobierno de Carranza, en vilo y predestinado a un inevitable derrumbe.

Si Carranza había buscado en el «Caso Sonora» un modo de enajenar partidarios a la candidatura de Obregón y poder dar comienzo abierta y resueltamente a la imposición de Bonillas como su sucesor, solo logró desbordar la ya colmada copa de la indignación nacional y apresurar su trágica e irremisible caída.

Venustiano Carranza derrocó a Venustiano Carranza (1)

«Cuando desde a fines de abril del año actual el cable nos transmitía las noticias de un nuevo movimiento revolucionario en México, los amantes de endilgar al público lector espeluznantes relatos, creyeron que se les presentaba propicia ocasión para bordar diez o más artículos en donde relucieran las consabidas frases de «salvaje atentado», «abominable crimen», etc. Esta fraseología usada en la prensa extranjera sistemática y exclusivamente para hablar de las revoluciones en aquél país, ha hecho que no se conciba poder decir algo de la nación mexicana sin mencionar al «feroz bandolero», al «incendiario cabecilla», o al «temible bandido», y de ahí que, cuando días más tarde y con idéntico laconismo se anunciaba la caída de la administración «carrrancista» y el triunfo de la unificación de los revolucionarios con reducidísimo derramamiento de sangre, en cierta clase de prensa se hubiera tenido que apelar a títulos llamativos, para no decepcionar a los amantes de leer sólo las notas sangrientas de aquella república, que ha hecho—según frase de Edmundo González Blanco—, «UN TRÁGICO DERROCHE DE SUPERABUNDANTES ENERGIAS». Y es que, cuando algún militarzuelo se levantaba en armas acompañado de una docena de hombres para rehuir el castigo a su desobediencia o por haber cometido cualquier robo o violencia, ya el cable se encargaba de anunciar que el «prestigioso general X» se había apoderado del puerto tal, que contaba con automóviles blindados, aeroplanos, ametralladoras, diez mil hombres y su indispensable Agente Financiero en Washington. Y el pobre aventurero, que después de una semana de haberse lanzado a sus andanzas se rendía incondicionalmente o era hecho prisionero por las tropas del gobierno, había resultado, por obra y gracia de las agencias yankis de información mundial, héroe de imaginarias proezas y generalísimo de soñados ejércitos.

En España no podía darse crédito a las nuevas noticias que sobre el derrocamiento de Carranza llegaban; era imposible que se apodara ese movimiento «la revolución blanca» y que los revolucionarios mexicanos se hubieran unido. En el presente artículo trataré exclusivamente de cómo VENUSTIANO CARRANZA SE DERROCÓ A SI

---

(1) N. del A.—Artículo que publiqué en la prensa de Madrid y cuya esencia fué traducida y publicada por los principales diarios de Londres y París. Por eso se explica que, contra lo afirmado en el prólogo de este folleto, se citen los nombres de varios personajes.

MISMO—aún cuando parezca risible afirmación—y en el próximo hablaré de la unificación de los revolucionarios y la rendición de las distintas fracciones de rebeldes, que andaban levantados en armas, desde hacía tiempo, bajo diversas banderías.

Para quien sólo haya conocido a Venustiano Carranza a través de los libros y artículos encomiásticos que se hacía publicar, naturalmente que la noticia de su caída ha de haber sido considerada como abominable. ¿Quiénes eran los osados que derrocaban al «gran varón ilustre», al «eximio patriota»? ¿Quiénes habían cometido el crimen sin nombre, de destruir al gobierno del «digno sucesor de Hidalgo y Juárez»? A todo esto contestaré: FUE VENUSTIANO CARRANZA QUIEN DERROCÓ A VENUSTIANO CARRANZA Y no siendo la finalidad de este artículo el criticar tal o cual acto de Carranza ni como revolucionario, ni mucho menos como gobernante, dejo para competentes historiadores el comentario de su actuación en ambos campos y concrétome a comprobar con datos irrefutables, la afirmación que entraña el epígrafe de este escrito.

Desde junio de 1919, cuando Alvaro Obregón publicó su «Manifiesto a la Nación» y el General de División don Pablo González aceptó su postulación para Presidente de la República Mexicana, se inició la democrática contienda entre los dos candidatos al más alto puesto de elección popular y Carranza, afectando una neutralidad que desmentía constantemente con sus propios actos, declaraba—en la misma forma ampulosa de su maestro, el viejo dictador Porfirio Díaz—,«que entregaría el poder a quien resultara electo por el pueblo, que ni un día más continuaría al frente del gobierno, que pensaba retirarse a la vida privada y que concedería toda clase de garantías a los partidos políticos». Y las «garantías» que ofrecía, tenían una efectividad indiscutible: Carranza había declarado que los partidos políticos las tendrían, pero astutamente había ocultado cuáles serían esas agrupaciones favorecidas por la concesión (?) presidencial y él mismo se encargó de descifrar el enigma: dictó su todopoderoso «FIAT» y la nación se vió inundada de partidos políticos «civilistas» que postulaban al Ingeniero Ignacio Bonillas.

Dice un viejo adagio «QUE AL MEJOR CAZADOR SE LE VA LA LIEBRE» y esto aconteció a Carranza con sus partidos «civilistas»—que de esta encomiable filiación sólo tenían el nombre—, por lo que verá el lector: el jefe de la propaganda «civilista» era el GENERAL Federico Montes, Diputado al Congreso de la Unión y Gobernador del Estado de Guanajuato; el discurseador de la gira lo fué el GENERAL de División Cándido Aguilar, yerno del Presidente Carranza, Gobernador del Estado de Veracruz, Secretario de Relaciones Exteriores y Embajador Especial y Ministro Plenipotenciario en Europa, es decir: una enciclopedia omnipotente con fúlgidos galones. La Mesa Directiva del partido «civilista» contaba como Tesorero a Manuel Amaya, pariente político de Carranza y Primer Introductor de Embajadores y Jefe del Protocolo, así como a cuatro o cinco «civilistas» *generales* y de partidarios figuraban TODOS, ABSOLUTAMENTE TODOS, los miembros más conspícuos de la administración pública. Además, se fundaron diarios, se hicieron giras de propaganda en trenes especiales, se contrataron «soi disant» eminentes y desinteresados (!!) partidarios del candidato «civilista», y todo esto..... SE PAGO CON LOS DINEROS DE LA NACIÓN. Para digno complemento, el día de la llegada del Ingeniero Bonillas a la ciudad de México se aprehendieron (1) a los generales, jefes y oficiales del Ejército simpatizadores de Obregón—*bajo el plausible fin de evitar choques con los partidarios del candidato «civilista»*—y ¡¡Oh manes de los Constituyentes que dictásteis la absoluta inviolabilidad del fuero de los miembros del Congreso!!, se pusieron presos, *por idéntica precaución*, a los Diputados Ezequiel Ríos Landeros, Basilio Vadillo, Martín Barragán, Francisco Reyes, Enrique Meza y otros más. En cambio, para que Carranza

---

(1) Diarios de la ciudad de México: «El Monitor Republicano», «El Heraldo de México», «El Demócrata», «Excelsior», «El Liberal» y «El Universal» de 22, 23, 24 y 25 de marzo de 1920.

demostrara palpablemente a la nación las «garantías» que impartía a los partidos políticos, fueron a la estación a dar la bienvenida al rápidamente popular Bonillas, una veintena de senadores y diputados, y los GENERALES Alfredo Breceda—ex-Secretario Particular y confidente del Presidente Carranza—, Juan Mérigo, José María Rodríguez, Jorge Blum, Coronel Paulino Fontes y algunos más.

Pero dejemos de lado esta ironía, única y posible forma de narrar tan enaltecedores (¡!) contrastes y pasemos a hablar de la imposición del candidato oficial. No un sólo artículo, sino un libro entero me comprometo formalmente a escribir lleno de pruebas fehacientes y declaraciones testimoniales de alto valor, con las que se comprueba hasta la evidencia el manifiesto deseo de Carranza de imponer a Bonillas como su sucesor; más tengo que concretarme a los estrechos límites de un artículo y salvar los detalles para llegar al fondo.

En 1910, cansado el pueblo de la tiranía de más de treinta años de Porfirio Díaz, levantóse en armas para derrocarlo, siguiendo a Madero que empuñaba una bandera proclamando el «SUFRAGIO EFECTIVO» y la «NO REELECCIÓN». Lanzada la nación a una serie de luchas internas desde entonces, húmeda aún la tierra por la sangre vertida por legiones de héroes anónimos, caídos en la persecución de tan altos ideales, hubiera sido criminal y cobarde consentir en que semejante sacrificio tuviera como única recompensa, la cimentación de una nueva, pero igualmente odiosa dictadura. Impuesto Bonillas en 1920, se impondría al funesto Luis Cabrera en 1924, al inepto Aguirre Berlanga en 1928 y al ignaro Cándido Aguilar en 1932; pero siempre, por años y años, las larvas de la administración carrancista se irían sucediendo unas a otras y el pueblo mexicano caería nuevamente bajo el yugo de una tiranía de ineptos y amorales. Como si la ostensible e ilimitada forma empleada para imponer a Bonillas, no hubiera sido causa más que suficiente para exacerbar el ánimo del pueblo, se había calumniado a una de sus más justificadas esperanzas para mejores días: SE PERSEGUIA ENCARNIZADA Y DESPIADADAMENTE A ALVARO OBREGÓN, EL CANDIDATO GENUINAMENTE POPULAR. Y así, de todas partes de la república, respondiendo al llamado de las víctimas incontables de una revolución que exigió del tirano Díaz «EL SUFRAGIO EFECTIVO Y LA NO REELECCIÓN, levantóse airado y temible el grito de protesta contra el gobierno de Carranza. Y éste, que desde los diarios oficiales u oficiosos proclamaba el respeto a los derechos del pueblo, mientras que con la realidad de los hechos los befaba, hizo vano alarde de una fuerza que no lo apoyaba, sintió que la opinión pública no lo sostenía y huyó de la capital.

Carranza salió de la ciudad de México acompañado de su Gabinete, comisiones de la Suprema Corte de Justicia, altos funcionarios administrativos y empleados de todos los ministerios, pensando en trasladar los poderes a otro lugar, más no solicitó el permiso debido a la Comisión Permanente del Congreso de la Unión, TENIENDO PARA ELLO TIEMPO Y OPORTUNIDADES SUFICIENTES. Al obrar así, violó textos expresos e inconfundibles de la Constitución en vigor, dejando de ser, POR SOLO ESTE HECHO Y DESDE ESE MOMENTO, el Presidente de los Estados Unidos Mexicanos, para convertirse en un prófugo que llevaba treinta millones de pesos del tesoro nacional y armas y municiones del Estado, a quien la Justicia tenía el ineludible deber de reducir al orden. Tal es la única verdad y afirmar otra cosa es faltar a ella.

Y ¿cómo salió Carranza de México? Tolerando que fuese llevado como «municiones de imperiosa necesidad» y entre los convoyes militares, un carro dormitorio con una veintena de *señoritas de honor dudoso*, «amigas del alma» de su Jefe de Estado Mayor y lugartenientes. Si inmoralidad acusó siempre la administración carrancista, este carro dormitorio fué el «clou d'or» de su actuación.

Cumpliendo con los rigurosos preceptos de la Ley y ajustándose a sus mandatos, primero las diputaciones provinciales, más tarde los gobernadores de provincias de elección popular—y por último, el ejército en masa, desconocieron a Venustiano Carranza. En dos semanas se efectuaba la unión y el triunfo de todos los elementos revolucionarios en México.

Carranza al perseguir injustificadamente a Obregón, fabricó el acero de las balas que rematarían su vida; al tratar de imponer a Bonillas como su sucesor, escogió el rifle y al abandonar la ciudad de México, en la forma en que lo hizo, se disparó el tiro de gracia.

Tal vez Carranza, hombre de grandes energías, al cerciorarse de que su popularidad era tan ficticia como fingida su fuerza, compenetrándose del papel que representaría en la historia de estos últimos años de cruentas luchas y en un rasgo de orgullo y de supremo egoísmo, fué a sabiendas al sacrificio, con la mente fija en la ambición de quedar consagrado como mártir de su deber. FUÉ ENTONCES CUANDO VENUSTIANO CARRANZA DERROCÓ Y MATÓ A VENUSTIANO CARRANZA».

Cuando el 9 de mayo llegó a la ciudad de México Obregón, después de la caída del gobierno de Carranza y antes de la muerte de éste, se le hizo un recibimiento soberbio e incomparable. Centenares de automóviles ocupados por miembros de los partidos políticos que lo postulaban, y por sus familias, se encontraban instalados a uno y otro lado de la ruta por donde debería de pasar y lo sorprendían con verdaderas batallas de flores, mientras una inmensa muchedumbre compuesta por todas las clases sociales prorrumpía en entusiastas vivas y ruidosas manifestaciones de júbilo. Cuando al fin pudo Obregón llegar al hotel en donde se hospedaba, salió a uno de los balcones y dijo:

«Yo quisiera traer hasta este balcón a todos y cada uno de los soldados del ejército del pueblo, de esos héroes anónimos que conquistan con su sangre las libertades y a quienes se les niega el derecho de que sus nombres sean conocidos, a pesar de que son los que salvan nuestras instituciones. Yo quisiera traer aquí a cada uno de los oficiales que con gallardía y civismo abrazaron la causa popular, por ser la causa de la justicia y de la libertad. Pero en la imposibilidad de reunirlos aquí, traigo en mi compañía a los jefes que con idéntico civismo y con igual desinterés se adhirieron a este último movimiento, que consolidará para siempre los principios democráticos, pese a la reacción y a los réprobos de nuestras instituciones populares.

Hace tres semanas que los hombres honrados tenían que disfrazarse en la propia capital de la República para no ser asesinados a mansalva. Y cuando los hombres de bien tienen que apelar a los disfraces, es porque la moralidad del gobierno está agotada. NO VOY A FORMULAR ATAQUES A LA ADMINISTRACIÓN CARRANCISTA, PORQUE SI AYER SE NECESITABA VALOR PARA SEÑALAR SUS ERRORES, HOY QUE YA HA CAIDO, SERIA COBARDE EL HACERLO. Sea, pues, ciudadanos de la metrópoli, este día, un día de gloria para la vida de nuestra incipiente democracia. Sea este movimiento—que más que armado ha sido un movimiento moral que reflejaba la opinión pública—, un ejemplo que se grabe en nuestra historia, PARA QUE NINGUN HOMBRE, EN LO SUCESIVO, PRETENDA VIOLAR LOS DERECHOS SAGRADOS DE UN PUEBLO, QUE, COMO EL NUESTRO, LOS HA CONQUISTADO EN DIEZ AÑOS DE LUCHAS INTESTINAS Y CON EL PRECIO DE SU SANGRE. La república entera ha respondido al movimiento reivindicador: los Estados del Norte, del Centro, de Oriente y de Occidente están acordes y apoyan la actual situación. Hasta estos momentos no quedan sino pequeños núcleos de hombres que no han querido someterse a la acción de la Justicia, porque la conciencia les grita muy alto que esa Justicia es un peligro para ellos».

Por su parte, el General Pablo González, desde uno de los balcones del Palacio Nacional, el mismo día se dirigió al pueblo en estos términos:

«Se ve palpablemente que la resolución tomada en forma irrevocable por el señor Carranza, era la de entregar la presidencia al sucesor escogido exclusivamente por él, o conservarla indefinidamente, aun cuando su período legal concluyera. En tales condiciones y ante tales propósitos, sostenidos con la fuerza de todos los elementos de que disponía Carranza como Presidente de la República, si se quería contrarrestar esos propósitos y salvar a la Nación de un retroceso político que nos quitara toda esperanza de redención por muchos años, no quedaba otro recurso que la apelación a la fuerza, que si bien es cierto es el primer argumento de los despotismos, es también la última razón de los pueblos para defender sus derechos.

La mejor prueba de la justificación del movimiento verificado, es la unanimidad con que ha procedido el ejército y las simpatías con que en todas partes se ha visto su actitud; siendo de notarse que la acción del pueblo ha sido espontánea, que no mediaba una organización previa ni preparación de ninguna especie, estableciéndose de modo natural la más perfecta armonía entre todos los elementos revolucionarios, para defender los derechos del pueblo mexicano. Carranza suponía, a juzgar por lo que dice en su último Manifiesto, que entre Alvaro Obregón y yo, llegó a existir un completo acuerdo para verificar el movimiento revolucionario; y lo cierto es que no hubo tal acuerdo expreso, sino que en nuestra calidad de candidatos independientes a la Presidencia de la República, nos sentimos unidos por el peligro que para los derechos de ambos representaban las cínicas maniobras imposicionistas de su gobierno, que desaparecieron malas interpretaciones y falsos conceptos que antes existían entre nuestros respectivos partidarios, que se estableció una corriente de franca cordialidad entre nuestros grupos y que bastó el simple hecho de nuestra salida de esta capital, para que se produjera en el pueblo y el ejército un formidable movimiento de adhesión a la causa de la libertad de sufragio, que ambos por igual representábamos. Cesaron todo género de suspicacias y de divisiones y se afiliaron con Obregón multitud de partidarios políticos míos, así como simpatizadores de él vinieron con toda voluntad a ponerse a mis órdenes.

Esta feliz circunstancia dió al movimiento de protesta la fuerza incontrastable con que se le ha visto desarrollarse y triunfar en brevísimo plazo, evitando los daños y trastornos que una prolongada lucha hubiera podido ocasionar. Todo hace esperar que este espíritu de unión y de cordialidad continuará reinando entre nosotros y será un factor fundamental para que lleguemos con la mayor rapidez posible a obtener el restablecimiento del orden legal, sin peligros de que vuelva a quebrantarse en el futuro. Espero que el sentimiento de la Patria estará en el corazón de todos los revolucionarios en estos momentos decisivos y solemnes y que sabremos sobreponernos a las dificultades de la situación y a todo interés egoísta que pudiera brindarse a nuestra humana debilidad, para pensar solamente en la felicidad y buen nombre del país, al que convergen las miradas escrutadoras y sorprendidas de todos los pueblos civilizados del orbe. Esta es la ocasión de demostrar si hemos procedido por enfermizo convulsionismo, por incapacidad democrática, por satisfacción de mezquinas ambiciones o por sincera y honrada defensa de principios, en beneficio y por honor de la Nación».

De cómo juzgaban en el extranjero la situación en la República Mexicana, dará una idea la lectura de de los siguientes párrafos traducidos de diversos periódicos:

(Del «San Antonio Light», de San Antonio, Tex.).

«La autoridad popular del nuevo régimen»

La última Revolución de México prosperó más pronto de lo que se esperaba y promete también ser la última; más bien dicho, la última de la serie de los disturbios seísmico-sociales que principiaron a raíz de la caída de Díaz. Si los despachos recibidos reflejan los hechos con un grado más o menos imparcial, puede decirse que el principio de autoridad es más extenso y pronunciado de lo que lo ha sido durante los últimos dos o tres años.

Parece que el nuevo régimen no tiene mayor oposición que la que componen Carranza y el núcleo que lo rodea. Pero Carranza, de la silla presidencial ha bajado hasta convertirse en un rebelde que, para ocultarse, se vió en la necesidad de internarse en los montes, con una pequeña fuerza de apoyo que lo pone en la imposibilidad de ofrecer resistencia.

Los residentes extranjeros parece que han tratado de salir del país, dadas las facilidades de transportes que se les han proporcionado; pero más bien tratan de huir de un peligro creado por sus imaginaciones, que de uno real y positivo. Hay ahora más seguridad y tranquilidad en México, que en los últimos diez años, y cuando se nota que esto es verdad, a pesar del hecho que el país pasa por una hora de transición, estas condiciones son testimonio de la autoridad popular del nuevo régimen de México.

(Del mismo periódico)
«La elección de Obregón»

Entre los rasgos más salientes de la última Revolución Mexicana se encuentra la renuncia de la candidatura de González, para la presidencia de la República. El mayor peligro a que estaba expuesta la nueva Revolución era la rivalidad política entre Obregón y González. Con el retiro de la candidatura de González se ha disipado ese peligro.

Sin embargo, queda la posibilidad de que alquien ocupe el lugar de González, pero el prestigio y la popularidad de Obregón son tan grandes, que no es de creerse que la oposición pudiera llegar a ser lo bastante formidable para que ocasionara una ruptura en el nuevo régimen.

La elección de Obregón a la Presidencia de México va a constituir una nueva etapa en la política de dicho país. Obregón se ha considerado desde hace tiempo como el hombre más apropiado para sacar a México del caos, y su conducta, así como la de sus partidarios durante la última revolución, confirman dicho juicio.

(De «The Picayune», de New Orleans, La.)
«Nuevas relaciones con México»

Carranza ha sido derrocado en México, después de que trató de guiar los destinos de esa infortunada nación durante cuatro años. Fué Carranza quien encabezó la revolución triunfante contra Huerta, sucesor y asesino de Madero, y parece que fué el único hombre que obtuvo prominencia en México durante los últimos dos años.

Carranza tuvo la oportunidad de restaurar el orden en su país, pero demostró ser un hombre muy pequeño para esta tarea, y ahora desciende de la presidencia para enfrentar el destino que decreten los poderes que lo sucedan.

La estrella de Obregón está ahora en su apogeo en la República Azteca. Poco sabemos de Obregón excepto de que era candidato a la presidencia. Carranza se opuso a su candidatura y por medio del control de la maquinaria del gobierno, hizo que fuera imposible su elección.

(De «The Nation», de Washington, D. C.)
«Comentario de «The Nation»

La caída de Carranza parece que ha sido tan completa y rápida que hace abrigar esperanzas de que México se ha ahorrado de otra larga guerra de hermanos.

La caída de Carranza no puede disipar la fe que «The Nation» tiene en la habilidad del pueblo mexicano para resolver sus propios problemas, sin ninguna intervención exterior.

Ahora, más que nunca, deben mostrar los americanos la buena voluntad que sentimos por México y nuestro más ardiente deseo de extender la mano de ayuda de todos los modos posibles.

(De «The New York Call», de New York, N. Y.)
«La caída de Carranza»

El porvenir dirá si los hombres que han tenido éxito en subir sobre esa frágil estructura que se llamaba el gobierno de Carranza, son capaces de establecer en su lugar un Gobierno que pueda conseguir la lealtad del pueblo mexicano, la confianza y respeto de pueblos y gobiernos extranjeros y que pueda cumplir con sus obligaciones internacionales.

Nosotros solamente podemos hacer notar que el gobierno de Carranza se había desacreditado tanto, que su caída es más bien que el testimonio de su propia debilidad, el de la fuerza popular de los caudillos, cuya oposición fué la causa inmediata y culminante de su destrucción. La fracción o partido que en estos momentos está en el poder, parece que tiene el apoyo de la opinión pública.

Pero si no podemos encontrar razones convincentes que nos lleven a creer que el triunfo de la última revolución marca el fin de diez años de tumulto en México, no puede haber ninguna duda que la eliminación de Carranza era precisa para llenar la tarea de tranquilizar a un pueblo que tantos siglos de opresión han hecho anarquista. Fácilmente se admite que Carranza estuvo animado por los motivos más benevolentes Pocas faltas, entre las muchas que tuvo, provinieron de su corazón. Fueron las fragilidades de una voluntad que se hizo inflexible y puntillosa por su reverencia pedante y supersticiosa hacia fórmulas e ideas sobre las cuales el progreso de un siglo había pronunciado su juicio.

Hemos sido víctimas de sus malas maneras, más bien que de su enemistad. No podemos escaparnos fácilmente a la convicción que la eliminación de un hombre tan obtuso y perverso, como Carranza demostró serlo, constituye una prueba de progreso en la labor de pacificar a México (1).

La muerte de Carranza

Como queda dicho en el capítulo anterior, desde el momento en que Carranza salió de la capital de la República acompañado de sus Ministros, comisiones de la Suprema Corte de Justicia y de todos los ministerios, para trasladar los poderes al puerto de Veracruz y no habiendo solicitado el permiso debido de la Comisión Permanente del Congreso de la Unión,—según lo estipula clara e inconfundiblemente la Constitución en vigor,—dejó de ser el Presidente de los Estados Unidos Mexicanos, para convertirse en un individuo que huía con más de treinta millones de pesos del Tesoro Nacional, armas y municiones del Estado. El pueblo que se había levantado en armas en una protesta tan formidable como justa, no podía permitir que ese dinero y esas armas pudiesen volver a ser utilizadas en su contra y se aprestó a poner cerco a los trenes militares en que viajaba Carranza.

Tan variadas como múltiples han sido las hipótesis que se han formulado desde a raíz de la muerte de Carranza, que, aún cuando desde un principio propios y extraños no encontraron fundamento alguno para inculpar a los candidatos a la Presidencia de la República, como encubiertamente se han deslizado malignas suposiciones, quiero que sean conocidos ampliamente en el extranjero algunos documentos en extremo interesantes.

El 8 de mayo del año actual Alvaro Obregón, el político más calumniado y perseguido por los elementos carrancistas, telegrafiaba al General Guadalupe Sánchez:

«Tenemos fuerzas desde Tlaxcala hasta las Cumbres para IMPEDIR el paso de la comitiva que acompaña a Carranza, al que han abandonado todas las tropas, quedándole solamente la funesta camarilla que lo desvió del sendero de la Ley para hundirlo en el camino del desprestigio. He dado instrucciones a todos los jefes militares QUE SI SE HACE PRISIONERO A CARRANZA, SE LE TRATE CON CONSIDERACION Y SE LE GARANTICE SU VIDA». (2)

Por su parte el General de División Pablo González, Jefe del Ejército Liberal Revolucionario —como se llamó a las fuerzas militares que se adhirieron al movimiento de protesta en contra de Carranza—, el mismo día 8 de mayo telegrafió al General Reyes Márquez ordenándole que cesara el fuego, para conceder «vía libre» al tren en que viajaba Carranza.

A mayor abundamiento, el 11 del propio mes de mayo el General G. Sánchez, Jefe de las Operaciones en el Estado de Veracruz, telegrafiaba a Obregón como sigue:

«Soledad, Veracruz, mayo 11.—Señor Alvaro Obregón.—Urgente —Persona que ha

---

(1) N. del A. Intencionalmente he reproducido los anteriores conceptos de la prensa norteamericana sobre la caída de Carranza, ya que, precisamente por haber sido emitidos con conocimiento de causa en virtud de la proximidad con México, pueden servir para orientar a la opinión pública extranjera en tan debatido asunto.

(2) Diarios de la ciudad de México, «EL DEMOCRATA», «EXCELSIOR», «UNIVERSAL» y «EL HERALDO DE MEXICO», de Mayo 7 de 1920.

estado cerca señor Cándido Aguilar (1), hasta últimas fechas, me indica si puede permitírsele ir a reunirse con Carranza para convencerlo inutilidad su resistencia, evitando así mayor derramamiento sangre. Sírvase decirme si puedo permitírselo.—Afectuosamente. —G. Sánchez». (2)

Al anterior telegrama y en la misma fecha, Obregón contestó así:

«México, D F.—Mayo 11.—General Guadalupe Sánchez.—Soledad, Veracruz.— Puede usted decir a General Cándido Aguilar que no hay inconveniente en permitirle que se traslade a donde se está librando la batalla entre fuerzas revolucionarias y la División que comanda el General Murguía, y que sirve de escolta a los convoyes donde viaja el señor don Venustiano Carranza y se comunique con él, para ver SI ACEPTA SALIR FUERA DE LA ZONA DE PELIGRO, DONDE QUEDARA GARANTIZADO POR LA COMISION QUE PRESIDE GENERAL JACINTO B. TREVIÑO Y QUE FUE DESIGNADA POR EL GENERAL PABLO GONZALEZ Y POR MI PARA TRATAR DE PONER FUERA DE PELIGRO A DICHO SEÑOR CARRANZA; debiendo el General Aguilar, después de terminadas sus gestiones, presentarse prisionero a esa Jefatura Militar para que sea consignado a los tribunales respectivos, que deberán de conocer las responsabilidades que pudieran resultarle de la actual situación del país.—Afectuosamente.—Alvaro Obregón». (3)

Queda pues demostrado en forma irrefutable y con documentos cuya autenticidad puede comprobarse en cualquier momento, que no tan sólo Alvaro Obregón recomendó a todos los jefes militares que TRATARAN CON CONSIDERACION Y GARANTIZARAN LA VIDA A CARRANZA, sino que permitió que el yerno de éste—Cándido Aguilar—, fuese cerca del ex-Presidente PARA TRATAR DE CONVENCERLO DE SALIR FUERA DE LA ZONA DE PELIGRO, en donde quedaría garantizado, contra cualquier evento, por una comisión que había sido designada de común acuerdo' entre los jefes de los partidos políticos en pugna en la contienda electoral.

Sirvan, pues, los anteriores documentos, de punto final a las malévolas imputaciones que, con una imperdonable ligereza, algunos periodistas extranjeros hicieron a Obregón sobre la muerte de Carranza. El hecho de que la mayor parte de los jefes militares que tomaran parte en el movimiento armado que derrocó a Carranza, se hubieran dirigido a Obregón pidiéndole órdenes, sólo sirve para demostrar el respeto y la popularidad que había llegado a adquirir en la nación mexicana, el candidato a la Presidencia de la República; pero en manera alguna podría utilizarse como base para afirmar, como torpemente se hizo en ciertos periódicos españoles, que él—Obregón—había ordenado el asesinato de Carranza. Se contaban por cientos los resentidos personalmente con Carranza y que gustosos se hubieran prestado al crimen, sin que un hombre de los antecedentes de Obregón tuviera que manchar su limpia historia.

No obstante, Obregón invitó a los Jefes de Redacción de los diarios de la capital de la República, a que se unieran a la comisión de investigación nombrada a pedimento de él y de González, compuesta por un Comodoro de la Armada Nacional, un General de Brigada y dos doctores en leyes, que representaban a los partidos políticos contendientes en la lucha electoral. Además, la Suprema Corte de Justicia de la Nación había ya designado a dos de sus miembros para que investigaran en el propio lugar de los acontecimientos la muerte de Carranza y el Senado de la República aprobaba en 28 de mayo, por unanimidad de votos, la siguiente proposición:

«La trascendencia y gravedad políticas que entraña el fallecimiento del C. Venustiano Carranza, ex-Presidente Constitucional de la República, acerca de lo cual se han insinuado y emitido las más diversas conjeturas y opiniones; y la necesidad ingente de hacer la luz más completa en el suceso, a fin de establecer en forma incontrovertible, si

---
(1) Cándido Aguilar, a quien se alude en este telegrama, está casado con una hija del ex-Presidente Venustiano Carranza.
(2) Archivo particular de Alvaro Obregón y diarios de la ciudad de México, «EL DEMOCRATA», «EXCELSIOR», «EL HERALDO DE MEXICO» y «EL UNIVERSAL», de mayo 12 de 1920.
(3) Idem, ídem, ídem.

se trata de un crimen horrendo o de un accidente del movimiento revolucionario que acaba de terminar, para fijar responsabilidades, en el primer caso, y aplicar enérgicamente los castigos a que haya lugar, no sólo en satisfacción del imperativo categórico de la justicia sino para salvaguardar el decoro nacional y también por el prestigio y buen nombre de la revolución triunfante y del gobierno que emane de ella, nos mueven a iniciar ante esta H. Asamblea la adopción de un acuerdo que responda a las altas consideraciones anteriores.

Si bien existen preceptos legales que señalan los procedimientos adecuados para la averiguación de los hechos violatorios de la ley penal, así como autoridades judiciales competentes que están instituídas para este objeto, por las consideraciones expuestas antes, resulta, sin embargo, de todo punto necesario que esta Alta Representación de las Entidades Federativas de la República, coadyuve, por su parte, en la investigación inmediata de los acontecimientos relacionados con la muerte del C. Venustiano Carranza, ex-Presidente Constitucional de la República.

«No se ocultará a los HH. miembros de esta Asamblea la importancia trascendental que tendrá, no sólo en el extranjero, la actitud que adopte el Senado, si ella resulta ser la demostración más incontrovertible de que el actual régimen desea normar sus procedimientos por los elevados principios de la Justicia y de que está dispuesto a velar por la aplicación de éstos con la energía que demanda la honestidad de un gobierno culto.

«Así, pues, con fundamento en las consideraciones anteriores y haciendo nuestra además, la insinuación contenida en el prestigioso documento enviado a esta H. Cámara por el C. Alvaro Obregón, relacionado con este mismo asunto, tenemos el honor de someter a la consideración de esta H. Asamblea los siguientes puntos de acuerdo:

«1.º Nómbrese una comisión para investigar, en representación del Senado de la República, los sucesos relacionados con el fallecimiento del C. Venustiano Carranza, al C. Lic. Alberto M. González, Magistrado de la Suprema Corte de Justicia, y al C. Senador Lic. José I. Lugo, como Presidente y Secretario, respectivamente.

La designación de los CC. Magistrado y Senador aludidos, es sin perjuicio de sus labores constitucionales, y sin que se entienda que esta Comisión sea de los encargos o empleos que prohiben respectivamente los artículos 101 y 62 de la Constitución de la República.

2.º Facúltese a la Comisión mencionada para designar discrecionalmente el personal que necesite para el mejor desempeño de su cometido.

3.º La expresada Comisión iniciará desde luego sus trabajos, los terminará dentro del plazo de quince días, y dará cuenta con ellos al Senado o a la H. Comisión Permanente, para lo que haya lugar.

4.º Las autoridades administrativas y militares proporcionarán a la expresada Comisión todos los medios que considere necesarios para cumplir con su encargo.

Salón de Sesiones de la Cámara de Senadores.—México, 27 de mayo de 1920.—Dr. Cutberto Hidalgo.—José I. Novelo».

Debo de hacer hincapié en el hecho de que uno de los firmantes de la anterior proposición—J. I. Novelo—es nada menos que el Presidente del «PARTIDO LIBERAL CONSTITUCIONALISTA», agrupación política que postula a Obregón para la Presidencia de la República, y cuya historia dejé consignada, someramente, en el capítulo que lleva su nombre.

Recopilando los informes presentados por las diversas comisiones investigadoras, todos ellos coinciden en lo siguiente:

«Después de la formidable derrota sufrida por las tropas que habían quedado fieles al ex-Presidente Carranza, éste abandonó los trenes en que había salido de México y rodeado de algunos miembros de su gabinete, altos funcionarios, numerosos generales y un reducido grupo de soldados, trató de internarse en la Sierra de Puebla. En el trayecto le fué presentado por uno de sus jefes de indiscutible lealtad, un general que se comprometió solemnemente a custodiar y defender a la pequeña comitiva. En un lugar llamado Tlaxcalantongo pernoctaron esa misma noche, dándose alojamiento al ex-Presidente Carranza en una choza formada de tablas de media pulgada de espesor. La cama de Carranza ocupó el ángulo formado por las paredes occidental y norte. En la misma dirección y en posición contraria, dormía el Ministro de Gobernación; paralelo a éste se colocó el Secretario Particular de Carranza; en el mismo sentido se pusieron las camas para dos capitanes ayudantes del ex-Presidente y paralelamente a la cama ocupada por éste, quedó la destinada al Director General de los Telégrafos Nacionales. Es decir: las seis camas formaban tres filas de oriente a poniente, con las cabeceras en direcciones opuestas.

Las cinco personas que durmieron en la misma habitación con Carranza, aseguran que como a las tres y media de la madrugada del 20 de mayo, un grupo de soldados RODEO LA CHOZA Y DISPARARON SUS ARMAS EN TODAS DIRECCIONES HACIA EL INTERIOR DE LA PIEZA, MATANDO AL EX-PRESIDENTE».

Hasta allí lo descubierto por las citadas comisiones de investigación. Queda a los jueces que conocen de este sensacional asunto, aclarar, cómo puede ser humanamente posible, que si un grupo de soldados rodeó la habitación que ocupaban Carranza y sus cinco compañeros y disparon sus carabinas hacia el interior de la misma, *SOLO EL EX-PRESIDENTE RESULTARA HERIDO Y MUERTO Y NINGUNO DE SUS ACOMPAÑANTES SUFRIERA LA MAS MINIMA LESION !!!!!!*.

Siendo en extremo aventurado hacer conjetura alguna, que entrañaría una acusación directa de mi parte, me concreto a pedir a la opinión extranjera que analice detenidamente el anterior cortísimo y harto elocuente informe que dejo transcrito, haciendo los comentarios que estime pertinentes y en espera de la última palabra que sobre el particular dictarán muy en breve, los Tribunales mexicanos.

Respecto a la muerte de Carranza y al establecimiento de un gobierno emanado de la unión de los diversos grupos revolucionarios en México, la prensa norteamericana emitió atinados conceptos El diario «News» de Dallas, Tex., dijo:

«Mientras que el crimen por el cual perdió la vida Carranza ha agregado otra cicatriz moral al carácter del pueblo mexicano, todavía tenemos suficientes razones para confiar en que Obregón y las demás personas a sus órdenes, NO están complicadas. Felizmente, las circunstancias indican que NO lo están. Había dado a Carranza su promesa de protección y salvo-conducto para que saliera del país y no tenemos razón para dudar de su sinceridad. Por lo mismo, queda excluída la idea de que el asesino obraba bajo su dirección o sugestión. NO HAY NADA QUE PRUEBE QUE OBRABA BAJO SU AUTORIDAD, **NI SIQUIERA QUE ESTUVIERA RECONOCIDO COMO PARTIDARIO DE SU CAUSA.**

Pero si se quiere que el mundo confirme esta creencia, que está apoyada por las circunstancias, será necesario para aquellos que están en el poder proclamar que el asesino debe ser cazado, para aplicarle el castigo a que se ha hecho acreedor. El juicio del mundo entero sobre la responsabilidad de Obregón, González y socios, dependerá mucho de las gestiones y esfuerzos que se hagan para castigar al hombre que cometió el crimen.

Y no solamente el mundo pasará juicio sobre su responsabilidad moral por medio de esa prueba, sino también sobre sus cualidades para establecer un gobierno digno de ser recibido en la sociedad de las naciones.

La última revolución en México ha sido vista en donde quiera, COMO UNA SEÑAL DE PROGRESO POLITICO.

Todas nuestras dificultades con México en los últimos años han provenido de la impotencia o falta de habilidad de las autoridades constituídas para proteger la vida y la propiedad de nuestros ciudadanos. Ahora, parece que un gobierno de facto ha llegado al poder y no solamente desea, sino que está ansioso de dar la protección más completa a las vidas e intereses de los extranjeros, y estimular futuras inversiones de capital en México con el objeto de desarrollar los recursos del país».

En un editorial titulado «LA MUERTE DE CARRANZA NO ES PROBLEMA PARA EL NUEVO GOBIERNO», el importante diario ‹The New York World», publicó en mayo 23 las siguientes frases:

«La muerte de Carranza ha hecho terminar la última revolución mexicana. No podría saberse si como resultado de ciertas rivalidades entre los aspirantes a la Presidencia de la República llegará a provocarse un nuevo movimiento armado; pero, de todas maneras, LA ACTUAL PERSPECTIVA ESTA BIEN MARCADA EN FAVOR DE LA PACIFICACION DEL PAIS.

Ya sea que Carranza haya muerto en un ataque o por sus mismos hombres, su muerte NO SIGNIFICARA UN PROBLEMA para el gobierno de de la Huerta. Aquí NO se trató de un caso de asesinato provocado por sus sucesores, como lo fué en el caso de la muerte de Madero. Y al mismo tiempo, la situación en que el finado Carranza deja al pueblo mexicano, no es tampoco la misma que le legó Victoriano Huerta».

Con el título de «EL GOBIERNO MEXICANO ES FUERTE, EN LO MILITAR Y EN LO POLITICO. VENUSTIANO CARRANZA, VIVO, SERIA UNA FUENTE DE DISTURBIOS POR LARGO TIEMPO», la prensa de Wáshington decía:

«El interés que se ha venido observando en estos días en todos los círculos de esta ciudad, con respecto a los acontecimientos que han estado desarrollándose en México, se concentró hoy en la sesión especial del Congreso mexicano, a la que se citó para proceder al nombramiento de un sucesor del Presidente Carranza.

El interés principal de los hombres de negocios y funcionarios americanos, no es tanto por la identidad del sustituto de Carranza, sino por el espíritu de cooperación que se manifestó en su elección (1).

Los funcionarios más prominentes y los hombres de negocios, están de acuerdo en que la eliminación del ex-Presidente Carranza hará mucho más fácil para su sucesor, la tarea de restablecer a México a sus condiciones normales, para poder efectuar las elecciones.

Se considera en esta ciudad, que no obstante que el asesinato del Presidente fugitivo debe ser satisfactoriamente explicado, antes de que los gobiernos extranjeros reconozcan al actual de México, TODO EL MUNDO ESTA PLENAMENTE CONVENCIDO DE QUE EL NUEVO GOBIERNO SE HA FORTALECIDO CONSIDERABLEMENTE DESDE UN PUNTO DE VISTA MILITAR Y POLITICO.

CARRANZA, VIVO, HUBIERA SIDO SIEMPRE UN FUERTE CENTRO DE DISTURBIOS, mientras que ahora, las pocas fuerzas que le eran leales, están ya rindiéndose.

A pesar de que las noticias oficiales de hoy añaden muy poco a los despachos recibidos ayer, en los círculos del gobierno hay una tendencia evidente a aceptar la versión de la muerte de Carranza, LIBRANDO DE TODA RESPONSABILIDAD A LOS «LEADERS» DEL ACTUAL GOBIERNO PROVISIONAL».

La unificación de los revolucionarios mexicanos (2)

«Siempre ha sido digno de alabanza el hombre que logra establecer una absoluta división entre sus deberes sociales y sus exigencias políticas, haciendo que las naturales pasiones que engendran éstas, no tengan resonancia alguna en aquéllas. Y si esto es encomiable individualmente, cuando grandes partidos políticos posponen sus diferencias de forma y ante una situación delicada se unen y luchan por adquirir fuerza y prestigio que redunde en respeto y admiración para su patria, esas instituciones, a lo menos a que pueden aspirar, es a que se les estudie y comente antes de lanzar malévolas apreciaciones sobre su actuación.

Estas reflexiones me han sido sugeridas, primeramente, por la unificación de los partidos políticos en México, para protestar contra la imposición de un candidato oficial a la presidencia de la república, ratificando días después esta cohesión en el seno del Congreso de la Unión al designar al Presidente sustituto de Carranza; y luego, el hecho inusitado de que la inmensa mayoría de los diversos grupos que desde hacía seis o más años andaban levantados en armas en contra del gobierno, se hayan adherido incondicional y voluntariamente al nuevo régimen.

La historia universal comprueba con datos harto elocuentes, que desde las épocas más remotas siempre se han considerado infranqueables los abismos que separan —precisamente por razón de ser de su propia existencia—, a los partidos y agrupaciones políticas de tendencias antagónicas. Y si esa distancia se ha conservado irremisiblemente a través de todas las diversas conmociones que han sufrido los pueblos de origen sajón, en los latinos —y especialmente en los hispano-americanos por la frecuencia de sus luchas internas—, se han ahondado lo indecible. Toca en suerte a la nación mexicana, tan frecuente e injustificadamente atacada en virtud de sus movimientos de reivindicación, precisamente a raíz de que el pueblo se había levantado en armas para exigir de Carranza la efectividad del sufragio electoral, demostrar a la faz del mundo el grado de cultura democrática que ha adquirido, al unirse los diversos partidos políticos en el Congreso

---

(1) N. del A.—En el siguiente capítulo que titulo «LA UNIFICACION DE LOS REVOLUCIONARIOS MEXICANOS», se detalla la forma en que fué electo Adolfo de la Huerta, Presidente sustituto constitucional, de la República Mexicana.

(2) Este artículo, al igual del que figura en este folleto con el título de «Venustiano Carranza derrocó a Venustiano Carranza», fué publicado en Madrid y traducido en esencia y reproducido por la prensa inglesa y francesa.

de la Unión y elegir, por abrumadora mayoría de votos, a don Adolfo de la Huerta, como Presidente sustituto de los Estados Unidos Mexicanos, para el período que terminará el 30 de noviembre del año actual. Los hombres que no habían podido unir su criterio para sostener en la lucha electoral a un sólo candidato, se agruparon para designar a quien deba de velar PRECISAMENTE POR LA EFECTIVIDAD DEL SUFRAGIO. Este dato, harto elocuente por sí sólo, viene a ser complementado por la enumeración de los votos emitidos al hacer tal designación: Adolfo de la Huerta obtuvo 224 votos; el General Pablo González, 28; el General Antonio Villarreal, 1, y Fernando Iglesias Calderón, 1.

¿A qué obedeció esta unificación de criterio? ¿Cómo un civil logró sobrepasar al prestigio de dos generales y al renombre de un historiador? La respuesta es bien clara: su conducta en los varios y delicados puestos que con anterioridad había desempeñado, garantizaban a la nación su proceder en el futuro. Cuando se supo que de la Huerta había sido electo Presidente de la República, se esparció por entre todas las clases sociales una palpable sensación de tranquilidad y de confianza. A la designación de de la Huerta y, casi simultáneamente, se sucedieron las solicitudes de adhesión incondicional de la inmensa mayoría de los grupos más fuertes de rebeldes, que, como los partidarios de Zapata, habían combatido sucesivamente a todos los gobiernos desde 1910; como el de Peláez, que hacía más de cinco años que tenía controlada la riquísima región petrolera de Tampico y Túxpam, o como el de Higinio Aguilar, único jefe del antiguo ejército federal de Porfirio Díaz, que, con una fe y una tenacidad admirables—cualidades que le reconocemos sus propios enemigos—ha luchado desde 1914 por restaurar a esa institución su perdido prestigio, a la vez que figuró como el brazo derecho de Félix Díaz, sobrino del viejo dictador de igual apellido. Y como estos grupos, otros muchos, menos numerosos si se quiere, pero que entrañaban igualmente problemas por resolverse en la nación, confiados en la indiscutible honradez de de la Huerta y en las promesas que tanto éste como el candidato Obregón han hecho de respetar vidas y haciendas de nacionales y extranjeros, se adhirieron al nuevo gobierno protestándole lealtad.

Los obstáculos que existían para la pacificación del país, podían calificarse como «materiales» y «morales». En el primer grupo figuraban las diversas partidas de rebeldes que asolaban el territorio nacional y en el segundo, todos los expatriados políticos que en el extranjero hacían circular las más descabelladas versiones sobre el origen y finalidad del movimiento revolucionario y que en sus apasionamientos llegaron—felizmente en número reducidísimo—a pedir la intervención extranjera como solución para nuestras dificultades internas. Habiéndose adherido al actual gobierno de de la Huerta todos los grupos de rebeldes de mayor significación, no quedan sino insignificantes partidas de bandoleros sin más móvil que el latrocinio y sin más finalidad que el crimen. Contra estos grupos debe procederse—y se está procediendo así—, despiadadamente, sin miramiento de ningún género, ya que no son en manera alguna facciones políticas contrarias al nuevo régimen, sino simples foragidos. Por otra parte, como las garantías que el actual gobierno imparte a los políticos de diversos matices, son efectivas,—tal lo prueba la devolución de todos los bienes incautados por el gobierno de Carranza desde hacía seis años—, a las fuerzas nuevas producidas por la revolución, vienen a sumarse las energías de los hombres de regímenes pasados y todos unidos serán como una poderosa inyección de saludable y fortificante savia para la vida nacional.

Con la llegada de los expatriados políticos a México, se iniciará la lucha de oposición legal que dignifica la actuación del que gobierna y sostiene, equilibrando, a las fuerzas heterogéneas de la nación, que tienen, para sostener libremente sus opiniones, dos campos que enaltecen a quienes en ellos combaten: la prensa y la tribuna.

Ésta es en síntesis la actual situación en la República Mexicana y de ella es fácil deducir, a juzgar por los distintos factores que en su formación han intervenido, que la paz en ese país es ya un hecho y que pronto, más pronto de lo que creen los pesimistas, México entrará de lleno en una era de positiva tranquilidad, base firme para consolidar su prosperidad, requisito indispensable para que continúe su marcha ascendente de progreso».

«La actuación del Presidente don Adolfo de la Huerta»

Con este título, el prestigioso diario «EL NERVION» que se edita en Bilbao, publicó el 22 de julio del año en curso un interesante artículo, cuyos párrafos finales copio a a continuación:

«No queremos exultar —por no correspondernos hacerlo— la conducta seguida por De la Huerta en la Presidencia de la República, concretándonos a exponer, sin comentar siquiera, algunas de las atinadas disposiciones que ha dictado: El 8 de junio lanza un Decreto convocando al Congreso de la Unión a un período de sesiones extraordinarias para tratar, entre otras cosas, de las reformas de la Ley Electoral de Poderes Federales; reformas a la Ley Orgánica de los Tribunales del fuero común; discusión del Proyecto de la Ley de Trabajo y estudio de la iniciativa de Ley creando nuevamente la Secretaría de Educación Pública, suprimida por Carranza innecesariamente. El 11 del propio mes de junio decreta la desintervención de todos los bienes que se encontraban incautados, bienes que perteneciendo a enemigos políticos del régimen carrancista habían permanecido intervenidos por seis años y cuyo valor era de doscientos millones de pesetas, constituyendo en un venero fecundo de fácil riqueza para los encargados de administrarlos El día 23 del citado mes de junio, considerando que el porte que pagaban con anterioridad los periódicos diarios era elevado, con relación al que primitivamente había sido fijado por el Código Postal, basándose en que el estado de los ingresos nacionales permitía una reducción de los mismos, a la vez que debía fomentarse la labor cultural de la prensa diaria dándole el mayor número posible de facilidades, ordenó la reducción del porte. Y por último, en el mismo día 23, decretó la Ley de Tierras Ociosas, declarando de utilidad pública el cultivo de las tierras de labor, pudiendo la Nación, por lo tanto, disponer *temporalmente en todo tiempo* para fines agrícolas, de aquellas que sean laborables y que sus legítimos propietarios o poseedores no cultiven. *Cualquiera persona* tiene derecho a solicitar ante los Ayuntamientos respectivos las tierras ociosas que crea poder cultivar y éstos concederán la tierra al solicitante *dentro de los tres días siguientes a la solicitud y sin más trámite que el de cerciorarse que se encuentran los terrenos solicitados, sin preparar o sin sembrar.* Si se le niega la tierra al solicitante por causa injustificada, *se le concede derecho a promover ante el juez del lugar, juicio verbal, sumario, la demanda respectiva.* Los permisos son personales e intransferibles.

Esta última resolución del actual encargado del Poder Ejecutivo en la nación mexicana, es por sí sola la garantía más absoluta de que, al efectuarse el licenciamiento de la mitad del Ejército existente en estos momentos—proyecto también de De la Huerta—, simultáneamente se habrá solucionado problema tan delicado y cumplido la promesa básica del programa de Madero: *El reparto de tierras.* Para el que siquiera haya ojeado rápidamente la historia de los movimientos revolucionarios en México desarrollados en los diez últimos años, no podrá escapar la trascendencia de la Ley de Tierras Ociosas, cuyos fundamentales artículos dejamos transcritos, ya que en forma tan rápida y sencilla se llenan las aspiraciones de la gran masa rural en la República.

Los favorecidos durante el Gobierno dictatorial de Porfirio Díaz con concesiones de tierras—de la magnitud de las otorgadas en California y Chihuahua—hechas a fuerza de lesionar intereses de los trabajadores del campo o de los pequeños terranientes, dirán de esta Ley que es un atentado de «lesa propiedad»: cuando no viene a ser, en realidad, sino *una tardía restitución de lo que legítimamente ha pertenecido a los pueblos en calidad de ejidos*, instituídos, muchos de ellos, desde la época de la conquista y arrebatados a sus genuinos propietarios por la venalidad de pretéritos gobernantes.

Sujetos a nuestro papel de informantes, presentamos los hechos concretos y dejamos a la opinión pública española los estudie y comente».

Como digo en el capítulo precedente, la conducta observada por de la Huerta en los varios y delicados puestos que con anterioridad había desempeñado, garantizaban a la nación su proceder al ocupar temporalmente la Presidencia de la República. El lema de su gobierno puede condensarse en sus lacónicas, pero categóricas declaraciones: «JUSTICIA PARA TODOS; PRIVILEGIOS PARA NADIE». Con efecto: todos y cada uno de los actos del gobierno de de la Huerta, todas y cada una de sus disposiciones, llevan el sello de una completa honradez y una absoluta ecuanimidad. Y estas mismas virtudes que ejercita el actual gobierno de México,—de las que se mostró ayuna la administración carrancista—muestran la rectitud de miras y finalidad del movimiento de protesta que originó la disgregación del Gobierno del ex-Presidente Carranza y hablan elocuentemente de los hombres públicos que han sido engendrados por las luchas internas en aquella nación. Con hechos indiscutibles y reales muestran su capacidad, sin autodesignarse «insustituíbles», como acontecía con los prohombres de regímenes pasados.

De la Huerta se ha enfrentado valerosamente con tres hondos y trascendentales problemas, resolviéndolos justicieramente: EL REPARTO DE TIERRAS—que hará tangible una de las promesas revolucionarias de 1910, centuplicando la producción agrícola nacional –; LA REDUCCION DEL EJERCITO –que devuelve a las faenas del campo, a los talleres y a las fábricas a miles de hombres sanos y fuertes, predisponiéndolos a la formación de un hogar del que saldrán hijos nacidos dentro de un ambiente de verdadera democracia y libertad; y LA DEVOLUCION DE BIENES INTERVENIDOS A LOS ENEMIGOS POLITICOS –que en manos de sus legítimos propietarios recobrarán toda su fuerza real, redundando en bien de la riqueza y prestigio nacionales –.

La actuación de de la Huerta en los pocos meses que lleva de estar al frente de los destinos de México, es el más rotundo y formidable mentís para los detractores del último movimiento armado, ya que con hechos que no admiten discusión alguna por su propia diafanidad, se han pospuesto conveniencias de partido, olvidado rencores, perdonado agravios, relegado ambiciones y renunciado a funestos personalismos, para dedicar íntegramente las fuerzas todas de la nación, hacia un sólo fin: EL BIENESTAR GENERAL, hacia una sola aspiración: LA RECONQUISTA DEL PERDIDO PRESTIGIO EN EL CONCIERTO DE LAS NACIONES CULTAS y hacia una sola tendencia irresistible: EL RESTABLECIMIENTO DE LA PAZ EN EL TERRITORIO NACIONAL.

EPÍLOGO.

En los mal pergeñados capítulos que forman este folleto, queda un resumen sintético de los diez años de luchas internas en que mi Patria se ha debatido, para ver de adquirir un definitivo mejoramiento social, a base de una perfecta comprensión del verdadero civismo, que permita al pueblo ejercitar sus derechos y cumplir sus deberes. Estos sucesivos movimientos de inconfundible aspecto reivindicatorio, tienen un sólo origen: LA TIRANIA DE PORFIRIO DIAZ, quien para lograr sus necias ambiciones privó al pueblo de la más rudimentaria cultura. Destruído su gobierno tiránico, sin educación un enorme porcentaje de la nación y sin estar preparados para la lucha democrática, el resto, se imponía que el pueblo no sólo hubiera roto la coyunda que lo ataba ignominiosamente con el peso abrumador del despotismo, sino que rompiera los grillos y cadenas, que extirpara a los verdugos.

La brusca transición de la tiranía a la democracia, aún en pueblos de mayor grado de cultura que el nuestro, se hubiera hecho sentir con idénticos efectos. ¿Cómo, pues, pedir a México la facultad de cambiar la estructura de su gobierno, sin apelar a la violencia? Si la misma naturaleza nos enseña que rotos los diques de una presa, las aguas antes apacibles e inofensivas se tornan bruscamente en rápidas y peligrosas, precisamente en virtud de la libertad que se les dá, ¿cómo esperar que un pueblo sometido por más de treinta años a una oprobiosa dictadura, al saber que no sólo tenía obligaciones que cumplir sino derechos que reclamar y acciones que ejercitar, cumpliera aquellas, reclamara esos derechos y ejercitara estas acciones, dulce, pacíficamente? ¿Es acaso la historia de las conmociones europeas, la que puede servir al pueblo mexicano de norma para contener sus ímpetus?

Las revoluciones en México sí tienen, como base sobre la que se han desarrollado, hondos y antiguos problemas sociológicos que habían permanecido irresolutos por años enteros, por ignorancia de unos gobiernos o por la conveniencia de otros. Así vemos que Madero pudo conseguir numerosas legiones de adeptos, cuando atrevidamente despertó a las masas para hablarles de derechos que las leyes les concedían, inscribiendo en la bandera de su rebelión el principio de «SUFRAGIO EFECTIVO Y NO REELECCION» e incluyendo en su programa el reparto de tierras. Si necesario era obtener la efectividad del sufragio electoral y la no reelección de los mandatarios para poner un freno a las dictaduras y un valladar al caudillaje, hondo y trascendental era el reparto de tierras. ¡¡Como que se trataba nada menos de destruir intereses que la rapiña de los gobernantes había arrebatado, a los legítimos poseedores de enormes extensiones repartidas desde la época de la dominación española!! Intrincado laberinto, formidable maraña de hurtos increíbles, fortaleza inexpugnable en donde se parapetaban omnímodos terratenientes para esclavizar al pobre, de generación en generación.

La revolución constitucionalista con su doble finalidad, fué igualmente de origen sociológico: se luchó para encauzar a la nación por la ruta de la legalidad, de donde había sido arrancada por el crimen y la usurpación huertista, y para hacer adaptable a la evolución nacional, la constitución política.

El último movimiento armado en abril del año actual, corrobora mi aserto: se trataba visiblemente de la imposición de un candidato oficial a la presidencia de la república, cuyo triunfo inevitable—por la fuerza arrolladora de la máquina gubernamental—, traería como consecuencia el afianzamiento de una nueva y prolongada dictadura; y el pueblo, UNICO Y LEGALMENTE CAPACITADO para decidir quién debe de velar por sus intereses, protestó en viril gesto demostrador de supremas energías y de firme consciencia de sus derechos, levantándose en armas para derrocar al violador de un principio conquistado a fuerza de sangre. ¿Puede afirmarse impunemente que esta última manifestación de la volutad popular, no obedece al deseo de cortar de raíz la gangrena de las dictaduras?

¿Es afrentoso, acaso, para el pueblo mexicano, el que luche y muera para librarse de autócratas?

Jamás puede ser oprobioso para una nación, el rehusar ser un pueblo de eunucos, así tenga que apelar a las más duras violencias.

Bien ha dicho un conocido escritor español al analizar este último movimiento armado: HUBIERA SIDO CRIMINAL Y COBARDE ESPERAR INDIFERENTE. ¿Cómo podría esperar indiferente el pueblo que se levantara en armas en 1910 para exigir el respeto al sufragio,—después de diez años de luchas y martirios,—que la emisión del voto fuese nuevamente un mito? Los espíritus de aquellos que han muerto desde entonces en estas luchas tan poco analizadas y tan falsa y malévolamente descritas, exhortaron, a no dudarlo, a ese mismo pueblo y lo alentaron hasta obtener la más absoluta y rápida victoria sobre sus expoliadores.

Creo haber hecho con este pequeño trabajo, más que una reseña histórica, una obra de divulgación de los esfuerzos, sacrificios, penalidades, esperanzas, anhelos y tendencias del pueblo mexicano y espero que todo el cariño y desinterés que en ella he puesto, tengan, como única recompensa, el que logre borrar las falsas interpretaciones que se han hecho en el extranjero de nuestras ansias de mejoramiento, confundiéndolas con incurables convulsionismos delatores de insuficiencia para establecer un GOBIERNO DEL PUEBLO, POR EL PUEBLO Y PARA EL PUEBLO.

MÉXICO Y BLASCO IBÁÑEZ

Artículo publicado en mayo de 1920 en la revista «Mercurio» de New-Orleans, La, (E. U. A) por el talentoso escritor don José Llado de Cosso, Director de dicha revista y acompañante de Blasco Ibáñez en México.

«Blasco Ibáñez en México»

Don Vicente-Blasco Ibáñez, como era de suponerse, entró triunfalmente en la hermosa, y muy noble y muy leal Ciudad de México.

Allí iba nuestro gran novelista con la aureola de una gloria que aunque la suerte recalcitrante solo últimamente ha hecho brillar con espléndidos fulgores, es una gloria muy añeja, muy justa y honradamente adquirida. Claro que al hablar de la gloria me refiero al mérito de sus libros, no a la habilidad de los editores que por artes que parecen de encantamiento suelen algunas veces arrancarle a la señora fama, girones con los que revestir a criaturas escuálidas del intelecto. No, Blasco Ibáñez ha conquistado laureles en buena lid, y partiendo de esa base la labor de sus editores ha sido también honrada, aunque esa honradez no haya sido ápice para que su habilidad se desarrollara por amplios límites, pues por buenas que sean las novelas de Blasco Ibáñez, jamás habrían logrado la popularidad universal de que gozan a no haber contado con el auxilio de una *reclame* bien organizada, que ha sido lo que ha faltado sin duda a otros genios, no menores en destellos de la literatura moderna española.

Como he dicho ya al principiar este artículo, Blasco Ibáñez ha despertado un entusiasmo loco, sin límites, en su visita por la República Mexicana.

Ha dicho que venía a tomar datos para escribir un libro sobre México. No sabemos a ciencia cierta qué clase de libro es el que se propone escribir. Si pretende escribir sobre la situación política actual de México, el problema es fácil, pues con decir, que cuanto en el extranjero se ha dicho y se viene diciendo de malestar de México son puras patrañas; que ha entrado en una época de franca reconstrucción y que sus instituciones se basan en ideales que, por lo avanzados, muchos han dado en calificar de utópicos, estará dicho todo, pero eso, a mi modo de ver, no encaja con el género literario que cultiva nuestro maestro: la novela. Si piensa ceñirse a su género, tendrá que pintarnos el escenario de la vida mexicana, con sus virtudes, sus defectos, sus amores, sus pasiones, sus melancolías; tendrá que ofrecernos cuadros en los que palpite el espíritu complicado de esa raza noble, altiva y rebelde, tendrá que saturarse del ambiente mexicano, del mismo modo que se saturó del ambiente de las trincheras cuando escribió sus famosos «Cuatro Jinetes del Apocalipsis». Pero entre la novela mexicana y la novela de la guerra media una distancia enorme, por cuanto para escribir la primera, su preparación se limita a una reducida estancia en México, a unos viajes kaleidoscópicos en los que ve la vida a través de unos anteojos de colores que ponen ante sus ojos los señores que lo acompañan y que más se desviven en obsequiarle y serle agradable, que en dejarlo a solas con el sujeto que debe impresionar su memoria y crear sus personales concepciones. Además, si es posible retener las apariencias exteriores como retiene las imágenes la cámara fotográfica, es difícil, muy difícil, compender las almas, el espíritu de una raza, a menos que se conviva con ella por un período prolongado.

No es ese el momento de hacer vaticinios, que de ser sinceros bien podrían ser desfavorables al famoso novelista, mas volviendo a su viaje a México y dejando aparte el que escriba bien o mal el libro que se propone escribir sobre este país, debemos afirmar que los efectos de su visita, en general, han de ser buenos. En buena hora vengan escritores de fama universal, escritores leídos por miles o millones de lectores, para deshacer la leyenda negra que con el mayor cinismo han venido urdiendo alrededor de la historia contemporánea de México, hombres sin conciencia, mercaderes egoístas, intereses absorbentes, que no ven en las naciones grupos étnicos organizados políticamente, de acuerdo con sus características y guiados por las normas que naturalmente se manifiestan para la consecución de sus altos fines humanos; sino que guiados por sus bastardos egoísmos solo ven en las naciones jóvenes, insuficientemente fuertes para hacerse respetar por las armas, ley suprema de esos materialistas sin entrañas, campos de producción para surtir sus mercados realizando desproporcionadas ganancias, campos cuya riqueza es necesario apropiarse porque así conviene a sus intereses, y para encubrir sus rapiñas invocan los fingidos dogmas de *la humanidad*, invocan el humanitarismo para justificar los atropellos del fuerte sobre el débil.

Blasco Ibáñez, como el más lerdo, se ha dado cuenta de esa situación y se ha referido a ella en algunos de los numerosos discursos que en México lleva pronunciados.

Nunca escritor alguno recibiera muestras de tan grande entusiasmo como las recibidas por D. Vicente Blasco Ibáñez, en México y lo más significativo, podríamos hasta llamar lo más consolador para nuestras razas, que son las razas del porvenir, es que el elemento que provocó tales entusiasmos sintiéndose embargado por ellos, fué el elemento joven, la masa estudiantil, los jóvenes que cultivando su espíritu en el estudio y en las aulas, preparan el camino del porvenir esplendoroso cuya alba aparece ya gloriosa por el horizonte, que marcan la cultura y la política hispano-americana.

Ninguna manifestación podría superar en esplendor, al «gallo» con que los estudiantes de México obsequiaron a Blasco Ibáñez.

Desde uno de los balcones del Hotel Regis presenció nuestro novelista la manifestación, o «gallo» como la llaman los estudiantes. Allí, bajo la bóveda magnífica de una de esas noches esplendorosas, como solo se disfrutan en México y en los países tropicales, realzada por las luces de farolillos chinos de múltiples colores y antorchas de bengala, se agrupaba una multitud compacta de más de veinte mil almas, que enronquecía a los gritos de ¡Viva Blasco Ibáñez! ¡Viva México! y ¡Viva España!

Los cohetes rasgaban el firmamento para estallar en el aire como una salva de triunfo, y la comitiva, delirante, congestionada por su propia aglomeración, se movía con dificultades, muy lentamente, parándose a cada paso por el afán que todos sentían de estacionarse ante la figura vigorosa del novelista, para saludarlo, verlo, aclamarlo y recibir sus sonrisas que repartía por todos lados agitando simultáneamente el pañuelo en su diestra. Entre aquella marejada de carne humana se distinguían las figuras simbólicas de Don Quijote y Sancho Panza, el caballero andante y el escudero de la epopeya cervantesca, hoy representación sublime de la grandiosa república literaria de la lengua española. Tampoco podían faltar «Los Cuatro Jinetes del Apocalipsis», y estudiantes de Salamanca, y manolas andaluzas, y campesinas valencianas. Todo lo que pudiera recordar las glorias de nuestra literatura y los triunfos de Blasco Ibáñez y el amor que México siente por España estaba allí presente y se confundía bajo el abrazo amoroso que sobre todo ello extendían los girones flotantes de las banderas mexicanas y españolas.

Se lanzaban discursos a diestro y siniestro simultáneamente, en veinte lugares distintos; estudiantes, literatos, obreros, hasta ví hombres del pueblo que encaramados en los faroles y en mangas de camisa se sentían oradores, y le espetaban su peroración a don Vicente Blasco Ibáñez. El entusiasmo era desbordante.

Debe advertirse, que la manifestación no se limitaba a las veinte mil personas congregadas frente al hotel. Todas las calles por donde debía pasar el «gallo» estaban repletas de gentes y los balcones cargados hasta el límite de sus capacidades. Puede decirse que aquella noche fué una de fiesta nacional en la que tomó parte toda la ciudad.

En cuanto a las instituciones españolas, la América tiene ya formada una muy sólida y unánime opinión que no podría cambiar nadie, ni el mismo Blasco Ibáñez con todo su prestigio. Por encima de ellas se levanta una figura providencial que es acreedora a todos los respetos, la figura democrática de Don Alfonso XIII, el rey más moderno, más liberal; el que de no haber nacido rey podría aspirar con honra a ser el primer presidente de la república española.

No se conciben mayores ni más fuertes lazos de unión, que los que podría tender a través del Atlántico Don Alfonso XIII, si se decidiera a visitar esas repúblicas hispanas, en donde le espera la más grande, la más entusiasta, la más ferviente de las acogidas.

Para que la unión de España y América pueda cimentarse rápidamente, solo hace falta una cosa: que Don Alfonso XIII visite la América española.

La visita de Blasco Ibáñez a México, ha puesto de manifiesto las simpatías de este pueblo hacia España.

JOSE LLADO DE COSSO

Artículo del culto literato brasileño Rurico de Calix, publicado en New York (E. U. A.), en mayo de 1920 y reproducido en México por «Revista de Revistas»

«México y Blasco Ibáñez»

Regresó a bordo del vapor «Morro Castle», en una mañana lluviosa en que el cielo parecía llorar por su llegada. A la mañana siguiente lo entrevisté en su aparramento del Hotel Félix Portland, deseoso de conocer sus impresiones sobre la tierra de Benito Juárez.

—No me pregunte nada, fueron sus primeras palabras al saludarlo, lo diré todo en una serie de artículos que he de publicar en el *Times* de esta ciudad. He celebrado un contrato con un sindicato periodístico americano, y mis artículos se publicarán simultáneamente en las principales ciudades de la Unión. Los escribiré en español, serán traducidos al inglés, y al mismo tiempo que entren a las prensas del rotativo neoyorkino, serán transmitidos por telégrafo a todos los otros diarios encargados de publicarlos; esta gente se va a gastar un dineral en esto,—y ahuecó la voz para darle importancia a la frase, por tratarse de Su Majestad el Dólar —.

Después, me siguió hablando durante una hora, y me contó todo lo que había rehusado decirme al preguntarlo. Al terminar su larga disertación, quedé con el amargo convencimiento de que Blasco Ibáñez, el autor de «La Catedral», el que se precia de haber sido condenado a prisión por revolucionario, a cambio de un puñado de miles de dólares estaba dispuesto a ridiculizar ante los ojos de los americanos el movimiento revolucionario que tendía a reivindicar los derechos que trataban de violar. Y no fué esta la sola impresión desagradable que recibiera, sino que, por la manera como me habló, me dejó convencido de que el escritor valenciano rinde el más fervoroso culto al Desagradecimiento.

Ya el *Times* publicó la serie de artículos de Blasco Ibáñez, y sus lectores, tanto norteamericanos como latinos, leyeron sin comentarios los infamantes ultrajes con que el escritor atacaba a todos los personajes salientes de la política mexicana. En momentos en que la noticia de la muerte trágica del Presidente Carranza, circulaba en los diarios metropolitanos, consternando igualmente a sus partidarios y a sus enemigos, el hombre a quien él sentara a su mesa, y de quien fué su huésped, se ensañaba en su cadáver palpitante todavía, haciéndolo el blanco de sus más amargas diatribas. La desaprobación fué unánime, pues todo el mundo, por principio moral y por instinto natural, es respetuoso ante la muerte. Más aún, por las columnas del diario matutino pasó también en el grotesco desfile, un divisionario mexicano que dejó de existir hace ya un lustro. Y terminaba aquella irrisoria necrología, con un cuento tabernario que quería hacer chistoso, profanando la incógnita ultratumba. La prensa neoyorkina en general, guardó silencio ante la actitud asumida por el hombre cuya pluma magistral había ensalzado siempre a las revoluciones reivindicadoras, creando apóstoles de ese ideal, como el *Tchernoff* que nos describe en «Los Cuatro Jinetes»...

The New York World, envió uno de sus reporteros a que entrevistara al novelista. El reportaje fué irónico, con esa ironía peculiar del periodismo americano. Decía el repórter: «Encontré al novelista en su apartamento del Hotel, usando por única vestidura una bata de baño, sucia, raída y vieja; el escritor parece preocuparse poco por su indumentaria, y así recibía a las varias personas de ambos sexos que lo visitaban. Blasco Ibáñez ha recibido ya, varios cientos de miles de dólares por la traducción y venta de sus libros en este país».

Después, el periodista americano decía que Ibáñez se empeñaba en negar lo que él dijera a un periodista en Philadelphia, el mes de febrero pasado, acerca del trato que los americanos deberían darle a sus mujeres. El escritor se retractaba de lo que había dicho sobre la mujer de Norteamérica, y digo *se retractaba*, porque tengo la convicción de que el periodista americano que tal cosa publicó en Philadelphia, no iba a inventar aquella aseveración. Tal reportaje se extendía en todos los periódicos americanos, en momentos en que en otra entrevista publicada en una revista española de esta ciudad, se ponía en boca del escritor valenciano la siguiente frase, refiriéndose a los Estados Unidos: «...en esta tierra donde la mujer, el automóvil, el hombre y el baby-car...» y la frase quedó inconclusa, guardando, seguramente, alguna amarga ironía para la tierra que ha sido pródiga en millones de dólares para él.

Afortunadamente, Blasco Ibáñez no hará historia, y vendrán jueces imparciales que no se tercien a banderías y que habrán de juzgar a la Revolución y a los hombres de México a quienes él ha tratado de ridiculizar. Y, sobre todo, la opinión pública, ya sea ésta latina o de cualquier otra raza, habrá de juzgar los artículos de Blasco, poniéndolos en paralelo con el homenaje que le rindiera la tierra en cuyas playas, hace ya varios siglos, quemó sus naves un súbdito de Sus Majestades Católicas.

Después de todo, los mexicanos deben de estar orgullosos por la manera culta y pródiga como atendieron al novelista, pues es ella una prueba irrefutable *de la cultura que él le ha negado al pueblo más altivo, culto e independiente, de toda la América Hispana.*

RURICO DE CALIX

IV

Artículo publicado el 25 de julio de 1920 en el diario «El Pueblo Vasco», de Bilbao (España).

«Las campañas de Blasco Ibáñez en favor de los Estados Unidos y en contra de Méjico.—Pedía cien mil dólares para escribir una novela en favor de Méjico y no se los dieron»

«El Heraldo de México», correspondiente al 25 de Junio, llegado hace pocos días a esta capital, publica el siguiente suelto oficioso por el cual verán nuestros lectores cómo laboran algunos intelectuales en favor de España.

Dice así:

«Con motivo de una enérgica protesta que lanzó en Nueva York un grupo de representantes de los pueblos latino-americanos, contra los artículos que en Estados Unidos ha publicado el novelista Blasco Ibáñez, en los que ataca injustamente a Méjico, el general Francisco J. Múgica envió un cablegrama a los mencionados señores, poniendo algunas cosas en claro.

En efecto, el señor Múgica es el indicado para tomar la palabra en este asunto, ya que él fué quien introdujo, por decirlo así, a Blasco Ibáñez en las esferas oficiales de Méjico. Además, el mismo general Múgica, como lo indica en su mensaje, acompañó al novelista a todos los lugares a donde concurrió, durante su permanencia en esta capital, sirviéndole de piloto.

Creemos, por lo tanto, que las declaraciones que a este respecto hace el señor Múgica, son perfectamente autorizadas y de interés para todos los mejicanos.

He aquí el texto del mensaje en cuestión:

«De Morelia, Mich., el 21 de Junio de 1920.—Para Nueva York, E. U. de A.—Señores Miguel Zárraga, J. Méndez Shafter y doctor Luis Lara Pardo.

Acabo de ver en la prensa enérgica protesta que han hecho ustedes, como representantes de los pueblos latino-americanos contra las imputaciones malévolas que el tristemente célebre novelista Blasco Ibáñez, hace a los mejicanos y a los demás pueblos indoespañoles.

Para conocimiento de ustedes manifiéstoles que asistí a las entrevistas que el novelista tuvo con el señor Carranza, y en ellas me consta que lo felicitó calurosamente por la energía y forma en que trató la cuestión internacional, especialmente con los Estados Unidos, y la hábil maniobra que había usado para destruir los esfuerzos de los petroleros americanos en contra de su Gobierno.

Asimismo me consta que don Vicente Blasco Ibáñez, hizo notar al señor Carranza que en la escuela militar de West Point se hacía labor preparatoria para una invasión militar a Méjico, y que él había tratado de conocer en detalle los planes todos de la mencionada institución.

También informó al señor Carranza que, en su sentir, los Estados Unidos no estaban en condiciones de hacer una presión militar efectiva contra la independencia de Méjico.

Informó al señor Carranza que había desechado las ofertas de Doheny y otros petroleros, para que viniese a Méjico, ocupando un yate a su disposición.

Pero la verdadera explicación de la actitud de Blasco Ibáñez para Méjico, estriba en que el Gobierno del señor Carranza REHUSO DARLE CIEN MIL DOLARES QUE PIDIO PARA ESCRIBIR SU NOVELA FAMOSA EN FAVOR DE MEJICO, PUES EL LICENCIADO CABRERA LE OFRECIO SOLAMENTE DIEZ MIL DOLARES

Como yo soy responsable, en gran parte, de la venida del mercenario escritor a mi país, creyéndolo de buena fe, me apresuro a hacer del conocimiento de ustedes estos detalles, para que tengan armas con que defender las agresiones canallescas de este individuo, incapaz de apreciar el valor de los mejicanos y los verdaderos ideales políticos porque luchamos. Es de sentirse la generosidad y largueza con que lo distinguimos, creyéndolo hombre de honor, cuando en verdad no es más que un lacayo del dinero y un escritor alquilado al oro de los enemigos.

Como mejicano, agradezco a ustedes el que hayan levantado su voz en defensa de Méjico y de nuestra raza.—*Francisco J. Múgica*».

(Es copia del original).

Artículo del prestigioso escritor Juan de Dios Alcatena, publicado el 28 de julio de 1920 en el diario «El Nervión», de Bilbao (España).

«Don Vicente Blasco Ibáñez detractor del pueblo mexicano»

Estuvo aquí el célebre novelista: Buenos Aires le hizo una recepción atroz. Entonces se le abrían brazos y corazones, al insigne colorista. También porque se recordaba al batallador diputado a Cortes, fogoso en el más alto grado de la fogosidad.

Desde un primer piso del Hotel España, en la Gran Avenida de Mayo, habló al pueblo. Y estuvo, en lo que dijo, por bajo de la entusiasta bienvenida que se le hizo. En acento catalán, se refirió al descubrimiento de América, a Isabel, a Fernando, a Colón, y ... a que los españoles residentes aquí debíamos mantenernos unidos.

Fué aquel speech, un mal speech.

Después regresó a Europa Volvió. Y obtuvo de algún Poder ejecutivo provincial, muchas y grandes facilidades para llevar a cabo una empresa de colonización, para cuyo efecto se trajo familias valencianas.

Blasco Ibáñez, en esa labor, cometió errores sobre errores. En fin, que vino el desastre ACOMPAÑADO DE PAPEL SELLADO JUDICIAL, HUBO EDICTOS. SE BUSCABA EL PARADERO... Basta

Más tarde escribió «La Argentina y sus grandezas». No nos ocupemos de esto. Ahí hay demasiada tinta y exceso de cromitos. Harta charla. Harta vacuidad.

Y el hombre fué no hace mucho a los Estados Unidos de Norteamérica. Fué luego a México.

Aquí sabemos que en New York, hay un judío; un judiazo que, —distinto a Lord Northcliff, el propietario en Londres, de media docena de rotativos, —juega al patriotismo yanki, mediante un cuasi trust periodístico. Aquí sabemos que el norteamericano... ¿cómo se llama? Ahora no doy con su nombre, mas es lo cierto que ese Aristarco norteamericano, vendido al oro, ha hecho y sigue haciendo la más cruel propanda contra México. Accionista también, en negocios petrolíferos mexicanos, ¿qué no hurgará ese hombre? Ha llegado a pedir la intervención armada. En sus periódicos, trata a los políticos vecinos, desde su punto de vista...

Pues bien, en uno de esos diarios, Blasco Ibáñez, en una serie de artículos escandalosos, ha dicho que el pueblo azteca, que México, es un mísero conglomerado nómada; que de los quince millones de habitantes hay dos de europeos, y el resto aborígenes en estado semisalvaje; que guerrean por atavismo índico; que los Gobiernos están compuestos de jovenzuelos y de tiranillos militaristas; que son vulgares ladrones.

Blasco Ibáñez, será lo que sea para los españoles de España, pero lo que es para nosotros, que no estamos ni enardecidos, ni engañados, ni confundidos por sus luchas, es un gran fracasado en política. No tiene probidad intelectual. No es perseverante en el esfuerzo. Tiene mala fe. Escribe ostentosamente, preguntando previamente por la paga. Y le sobra ligereza. Y sobre-abunda en él la agresividad.

Y ha sido un grandísimo vulgar y un embustero en sus juicios contra México. A todos nos sorprendieron las transmisiones cablegráficas íntegras de sus patrañas. Pero ahí está el señor Blásquez, Encargado de Negocios de México en la Argentina, quien abofeteó al ladino valenciano pidiendo a la prensa de Buenos Aires que transcribiera lo siguiente:

«Blasco Ibáñez estuvo en México del 22 de marzo al 30 de abril del corriente año, habiendo sido colmado de atenciones y agasajos por las autoridades, los centros de cultura, la Prensa y el pueblo en general.

A fin de que el público argentino pueda juzgar si es noble y leal el proceder de dicho escritor, y deseando proporcionarle datos fidedignos, que al ilustrar su criterio le permitan formarse un juicio atinado y cabal sobre el contenido de los artículos arriba mencionados y de aquéllos que en lo futuro publique sobre mi país el citado novelista, paso a insertar, textualmente, a continuación, algunos párrafos de unos cuantos de los muchos discursos, idénticos en el fondo y semejantes en la forma, que pronunció Blasco Ibáñez durante su permanencia en México, los cuales fueron publicados en los principales órganos de la Prensa de esa República».

«... *Antes que literato soy revolucionario, y por esta razón me encuentro en México como en mi propia casa. He venido a este país, no impelido por la curiosidad, sino con el vivo deseo de estudiaros y de escribir un libro en el que os haga justicia. Yo diré al mundo entero que el pueblo mexicano es amante de la justicia, que por ella ha luchado heróicamente, que es un pueblo guerrero, que es digno y merecedor del progreso por el que lucha. Mi futuro libro sobre*

México, será el más grande de mis libros... (Brindis pronunciado por Blasco Ibáñez en Xochimilco, el 30 de marzo próximo pasado).

«..*Yo espero hacer un libro en el que diré a todos los pueblos de la tierra qué es México, pues indudablemente que será traducido a todos los idiomas. Que es una nación joven, progresista, con sus hermosas ciudades donde hay trabajo, comercio e industria; un país que ha pasado por grandes crisis, como las han tenido todas las grandes naciones de la tierra; que tiene juventud, entusiasmo, y que tiene derecho a su desarrollo y a ser respetado...*» Discurso pronunciado por Blasco Ibáñez en Guadalajara, el 2 de abril último).

«..*Se me agotan las frases para demostrar mi agradecimiento por la simpatía, cariño y estimación que me han demostrado los mexicanos..*» (Palabras del mencionado escritor, en el discurso que pronunció en Puebla el 15 del citado mes de abril).

* * *

México, ¡grande y desdichado país, hoy!, será todo, menos ladrón y salvaje. Y si Blasco Ibáñez quiere,—¡un D'Annuzio postergado!,—que hablen de él, sepa bien que ahora es detestado por estos americanos, por estos del Sur, que mejor que él, saben cómo se pueden ganar dollars en New York, tratándose de muchas cosas.

Buenos Aires, 16—IV—1920.   JUAN DE DIOS DE ALCATENA

Artículo del distinguido escritor colombiano Ricardo Areñales, publicado por el diario «La Prensa» de San Antonio, Tex. (E. U. A.), el 4 de julio de 1920.

«La Talega.—Refutación a Blasco Ibáñez»

Acababa de morir un burgués que había sido la previsión hecha hombre. Para que nadie le arrebatase los tesoros de su experiencia, se iba con ellos a la tumba; para que la integridad de su más fulgurante caudal le sobreviviera, dejábalo en una talega enorme, soterrado en el sitio más obscuro de su solar. Entre pujos, lágrimas y aspavientos, la familia del extinto plañía en el salón de la casona. Y era de ver el dejo de ternura húmeda con que la esposa contaba el fin trágico del marido al pobre demonio de su yerno:

—Besó el crucifijo con la fe de un verdadero santo. Y tenía los labios resecos, la frente sudorosa, las manos agarrotadas...

—Bueno ¿y la talega?—preguntó el yerno—y los ojos parecían salírsele de las órbitas.

—Lo ví estirarse con el dolor de la más cruel agonía. Los huesos le crujieron de un modo espantoso; las piernas se le retorcieron como serpientes entre las llamas...

—Sí, muy bien: ¿y la talega?

—El médico dice que tenía el cerebro reblandecido de tanto pensar en negocios, y duro el hígado a causa del cognac...

—Perfectamente; pero ¿y la talega?

. . . .

Entonces el yerno, que se sintió defraudado en sus esperanzas, dióse a trastabillar, igual que si le clavasen un hierro en el espinazo, y cayó «como cuerpo muerto cae».

* * *

Don Vicente Blasco Ibáñez, mal novelista y peor hombre, se parece al yerno de esta historia en un detalle fundamental: en que lo único que le interesa es la talega. Su enorme ambición de oro no ha podido verse satisfecha ni con los productos de su negocio de editor, ni con el resultado de sus andanzas por tierra argentina, ni con los millares en que vende sus engendros literarios trocados en films de cinematógrafo. Quería más, y se echó por estas Américas en busca de cándidos que se dejasen «epatar» por su figura de bull-dog de las letras y su prestigio de conquistador retrasado en tres siglos. Paseó por México, donde la hospitalidad legendaria del país le acogió entre vítores; soportó con estoicismo una fiesta en la Universidad Nacional, disimuló su aburrimiento en los museos, engulló taimadamente en la mesa de los banquetes, vió desfilar ante sus ojos los «gallos» estudiantiles, se le puso gris el alma en la melancolía de Xochimilco, fué recibido en cordial audiencia por el Presidente de la República, trató a los prohombres de la República, trató a los prohombres de la Administración y de los partidos oposicionistas... Pero nada le satisfacía. En el obscuro fondo de su conciencia, estaba diciéndose siempre ante las manifestaciones de sincera y no meditada cordialidad de los mexicanos: «todo esto está bien, pero ¿y mi talega?»

**

Blasco Ibáñez, descendiente de ramas conquistadoras, no es sólo un meditativo; tiene al servicio de su pensamiento una elasticidad de comadreja. Por eso, entre agasajo y agasajo, se metía en las antesalas presidenciales y en los saloncillos de Gobernación, para ver si querían pagarle un libro... Un maravilloso libro en que hablaría de México, de su opulencia, de su espíritu bravío, de sus esfuerzos por la libertad, de la hermosura de sus mujeres y el talento de sus hombres. Todo por la modesta suma de cien mil pesos...

El negocio se le malogró. Y don Vicente, ardiendo en las negras llamas del rencor, envainó el sable pan-hispánico y se fué a tierra de los yanquis. Acordándose de que desciende por línea recta de conquistadores, conquistó... una plaza de reportero en un gran diario, para hablar mal de México. Y dió principio a la epopeya..

**

Todo lo que ha dicho de México el afortunado folicularo, rezuma incomprensión y malignidad. El no pudo advertir, con amplio y delicado corazón de artista, la hermosura insuperable de los paisajes mexicanos: entre sus ojos y la maravilla de los volcanes coronados de plata, o del lindo valle que sirve de asiento a la ciudad matriz, o de los bosques de virginal opulencia, o de los templos y los palacios de prodigiosa arquitectura, o de la nueva raza que asciende con orgullo del fondo trágico de sus dolores, se interponía un objeto pesado y opaco, donde se concentraba todo su ideal y todo su ímpetu: ¡la talega!

El no alcanzó a exaltarse con las hazañas que renuevan, aumentadas en ímpetu original, el acervo de heroísmos de la familia española. La noble voluntad de sacrificio del Padre Hidalgo; los relámpagos de genio con que Morelos ofusca en sus campañas a los generales de la península; la fidelidad republicana conque esta nación, apenas salida de la cuna, deshace el imperio de Iturbide; el valor firme y seguro con que un grupo de niños, que auguran ya la conciencia de la Patria recién nacida, mueren ante el empuje de las balas del invasor del 47; la cruenta y difícil guerra de la Reforma, que logra estatuir aquí, antes que en la propia Francia de la Revolución, la libertad primaria del culto religioso; la epopeya del 5 de Mayo, que puede incorporarse a las batallas decisivas en los anales de la República democrática; la muerte del segundo imperio, que reivindica para el Nuevo Mundo la potestad de gobernarse autonómicamente; la gran tragedia del constitucionalismo, en que aparece México envuelto en llamas y goteando sangre, pero circundado de idealidad, y tiembla y gime hasta que conquista la nacionalización de los tesoros de su propio suelo... Nada de esto pudo comprender Blasco Ibáñez. Y es que entre la historia que lo narra y los ojos que debieron leerlo, se balanceaba grotescamente un objeto pesado y opaco, el cual llevaba tras de sí el corazón del novelista: ¡la talega!

**

Pero dejemos a un lado el derecho de exigirle al aventurero valenciano que comprenda lo que hay de romántico en nuestra historia, y pidámosle que comprenda, por lo menos—si en verdad es un representante de la España culta—lo que hemos realizado, como herederos de las tradiciones de su patria, en beneficio de la civilización. ¿Cómo va él a respondernos? Pasa por México y no conoce los nombres de nuestros médicos eminentes, de nuestros biólogos, de nuestros jurisconsultos, de nuestros estadistas, de nuestros músicos, de nuestros filósofos, de nuestros poetas, de nuestros geógrafos, de nuestros pedagogos, de nuestros pintores. Se le escapa el sentido humano de las luchas que han ensangrentado esta joven nación. Olvida que un ideal común nos vincula a los más grandes pueblos de la tierra, y que dentro de las normas que España misma nos legó para el gran trabajo de la cultura, nos hemos esforzado—a pesar del lastre de indígenas ignorantes que llevamos a rastras—por ser dignos de la era en que nos toca vivir. Olvida, finalmente, que si aquí hay sombras de latrocinio, manchas de sangre, montículos de cadáveres, de eso está llena toda la Europa; y no ya la antigua, sino hasta la moderna; lo dice la historia de la guerra carlista; lo enseña la historia de las matanzas que empezaron entre Francia y Alemania en 1914, y que aún continúan entre Rusia y Polonia y entre Turquía y Grecia. Si Blasco Ibáñez atendiese a otra cosa que a su talega, quizá hubiese recordado

VIII

las palabras con que un ingenio de estas Américas igualó la barbarie de nosotros con la barbarie del viejo mundo:

> Ya la salvaje América
> puede chocar su copa
> en embriaguez histérica
> con la salvaje Europa...

¡Ah! Pero don Vicente no podrá comprender ni los grandes ni los pequeños fenómenos de la sociología. Porque don Vicente no es un verdadero intelectual, ni un verdadero observador, ni siquiera un hombre verdadero. Don Vicente no es sino un ambicioso que quiere llenar una talega.

* * *

Blasco Ibáñez faltó a la verdad como un belitre de la literatura, porque la exhibición de sólo las llagas y los infortunios de que un país es culpable, con olvido de todo lo que en ese país pueda brillar, no tiene otra significación que la de una mentira. Faltó a la hidalguía que se le había concedido, porque anda a decir mal de quienes, ilustres o ignorados, cultos o ásperos, nobles o plebeyos, ladrones u honorables, le abrieron gozosamente las puertas de su hogar, le sentaron a su mesa, le llevaron a sus aulas y a sus museos, le mostraron las hermosuras en que fincan su orgullo. Y faltó, por último, al sentimiento de solidaridad que tanto pregona la propia España, porque fué a denigrar a México, presentándolo como tierra de léperos y de bárbaros, a la hora misma en que una parte del pueblo yanqui – a cuyo servicio tiene su pluma — se regodea con lo que pudiera servirle para justificar una intervención armada en la República. Y todo porque no se le llenó la talega...

Con los procedimientos de que se ha valido el aventurero valenciano para desahogar su actitud, podría cualquier ingenuo de estas Américas trazar la más deplorable caricatura de España. Bastaría conque, no queriendo ver lo que allá representa un esfuerzo cultural, de verdad o de belleza, nos enseñase a la Madre Patria como un pueblo corroído por el hambre, compuesto de toreros y toreristas, de chulos y de manolas, de frailes y de caciques, de analfabetos y de perezosos. Pero, a buen seguro, ninguno de estos americanos a quienes Pío Baroja llama estúpidos y a quienes Ibáñez no advirtió siquiera (como no fuese para despreciarlos), sería capaz de tamaña desvergüenza. Estamos bastante cándidos para creer en el deleznable ideal pan-hispánico, y en todo el acervo de lugares comunes con que tan frecuentemente se nos recuerda que se nos engendró, a medias cuando menos, con sangre del Cid y de Pelayo...

Y así como el foliculario vió a México, vió a sus hombres públicos. Frente a Carranza, frente a Obregón, él no piensa sino que son despreciables porque no se les puede sacar dinero. Ciñéndonos a esta maligna pauta, los escritores de América podríamos sugerir por acá la más triste y ridícula idea de los políticos españoles. La Cierva no sería sino un fantoche que hace «alardes de supuesta masculinidad»; Maura una antigualla de «falso profeta que sobrevive a los mentís del tiempo»; Dato, «un politiqueante abyecto a quien nadie aventaja en capacidad para la servidumbre». Y todos ellos, «hombres cuya masa encefálica está invadida por órganos de funciones diametralmente opuestas a las del pensar».(1) Y hecho tal análisis al modo «blascoibañezco», declararíamos que las más conspicuas figuras de la España de hoy están... a mil leguas de Don Quijote.

* * *

Pero ni en los estúpidos intelectuales de América, ni en el pobre pueblo de cuya entraña dolorosa hemos nacido, hay ruindad para ver a la Península con los vidrios ahumados del despecho. Antes bien, gozosos tributaríamos un homenaje a sus glorias legítimas. A un Ortega y Gasset, a un Ramón y Cajal, a un Menéndez Pelayo, a un Cansinos Asens, a un Zuloaga o a un Marquina, les ofrendaríamos un laurel. A un Belmonte o a un Bomba, un robusto y bravo toro de Tepeyahualco. Y a un Blasco Ibáñez... ¡una talega vacía!

RICARDO ARENALES

---

(1) Expresiones tomadas del periódico «España», que se edita en Madrid. Véase el artículo inicial del número 262 del 8 de mayo de 1920.

www.ingramcontent.com/pod-product-compliance
Lightning Source LLC
Chambersburg PA
CBHW081354040426
42450CB00016B/3432